인생의 절반쯤 왔을 때 논어를 읽다

人生

삶의 변곡점에서 시작하는 마지막 논어 공부

論語

인생의 절반쯤 왔을 때 논어를 읽다

· 조형권 지음 ·

비즈니스북스

인생의 절반쯤 왔을 때 논어를 읽다

1판 1쇄 발행 2022년 5월 17일
1판 3쇄 발행 2022년 9월 20일

지은이 | 조형권
발행인 | 홍영태
편집인 | 김미란
발행처 | (주)비즈니스북스
등 록 | 제2000-000225호(2000년 2월 28일)
주 소 | 03991 서울시 마포구 월드컵북로6길 3 이노베이스빌딩 7층
전 화 | (02)338-9449
팩 스 | (02)338-6543
대표메일 | bb@businessbooks.co.kr
홈페이지 | http://www.businessbooks.co.kr
블로그 | http://blog.naver.com/biz_books
페이스북 | thebizbooks
ISBN 979-11-6254-278-1   03190

삶의 변곡점에서
논어를 읽고 다시 일어서다

어릴 적부터 '사서오경'四書五經, 그중 《논어》論語에 대해서 귀가 아프게 들었다. 특히 《논어》의 제일 첫 번째 문장 "배우고 때때로 그것을 익히면 이 또한 기쁘지 아니한가?"는 대중들에게 가장 널리 알려진 문장 중 하나다. 하지만 막상 《논어》를 읽은 사람은 거의 없다. 한자가 많기도 하고 내용이 어렵고 딱딱할 것이라는 선입견 때문이다.

나도 이와 같은 이유 때문에 《논어》를 읽지 않았다. 하지만 40대를 일컫는 '불혹'의 시기를 지나면서 《논어》는 나에게 자연스럽게 다가왔다. 그것은 마음의 변화 때문이었다. 20여 년간 쉬지 않고 달려온 나를 돌아보면서 '과연 제대로 살아온 것인지', '앞으로 어떻게 살아야 할지'에 대한 질문을 던지기 시작했다. 다시 한번 성장통을 앓게 된 것이다.

우리는 인생을 살면서 많은 짐을 지고 살아간다. 어렸을 적에는 아무것도 없지만 나이가 들면서 그 짐을 늘려간다. 짐 안에는 그동 안 모아온 수많은 물건이 소유물로 점차 쌓일 것이다. 그런데 짐이 늘어날수록 우리의 행복도 늘어날까? 짐의 무게와 행복의 무게가 비례할지 의문이다. '무소유'의 삶을 지향하는 것은 아니지만 나의 짐을 살펴볼 필요가 있다. 그 안에는 불필요한 것들도 많기 때문이 다. 필요 없는 것을 덜어내면 그만큼 마음에도 여유가 찾아온다. 어 깨를 짓누르는 무게도 덜할 것이다.

인생의 절반인 불혹을 지나면서 그동안 쌓아온 나의 짐을 다시 돌아보게 되었다. 《논어》의 담담하고 정직한 문장들은 내가 무엇 을, 어떻게 쌓아왔는지, 나도 모르게 의미 없이 쌓아온 것과 나이가 들어도 지켜야 할 중요한 것이 무엇인지 깨닫게 했다. 그렇게 무거 운 짐에 휘둘려 흔들리는 나에게 값진 지혜와 조언을 주었고, 다시 한번 중심을 잡고 나아갈 수 있는 힘이 되었다. 그렇게 꾸준히 《논 어》를 공부하면서 문장 하나하나를 곱씹었다.

《논어》는 인생을 살아가는 지혜를 온전히 담고 있다. 사업가, 직 장인, 전문직 종사자, 정치인, 학자, 학생, 전업주부 등 누구라도 이 책을 통해서 깨달음을 얻고 변화할 수 있다. 단 한 문장이라도 가슴에 새기고 실천한다면 말이다.

삶에 질문이 가득할 때 논어에서 인생의 해답을 얻다

《논어》는 공자와 제자 간에 대화를 정리한 책이다. 20편, 482절, 600여 문장으로 구성되어 있다. 각 편의 제목(학이學而, 위정爲政 등)은 하나의 편이 시작될 때 문장 첫 글자에서 따온 것이라 큰 의미를 둘 필요는 없다. 물론 편마다 주된 내용이 있다. 예를 들어 학이는 '배움의 도'를, 위정은 '국가를 다스리는 도리와 방법'을 주로 다룬다. 이외에 공자의 언행, 습관, 태도 등 그가 어떻게 살았는지를 엿볼 수 있다는 점이 《논어》의 매력이다.

공자는 완벽한 인간이 아니다. 오히려 살아생전에는 실패한 인생에 가까웠다. 수많은 제자들의 존경을 받았지만 끝내 그가 염원했던 이상 국가를 이루지 못했고, 도덕정치를 통해서 백성들을 구원하려던 노력도 실패했다. 오직 하늘만이 자신의 뜻을 알아줄 것이라며 한탄했다.

그의 인생은 정말로 드라마틱했다. 어릴 적 부모를 여의고 힘들게 자랐으며, 몸으로 하는 일은 거의 다 해봤을 정도로 고생이 많았다. 하지만 힘든 상황에서도 그는 포기를 몰랐다. 희망조차 보이지 않는 인생에서 입신양명의 꿈을 꾸며 앞으로 나아갔다.

마침내 15세에 학문에 뜻을 세웠고, 20대에 벼슬자리에 올랐다. 차근차근 단계를 밟고 올라가면서 관리로서 실력을 인정받았다. 하지만 30대 초에 나라에 변란이 일어나 노나라 왕 소공昭公이 제나라로 피신하자 그도 함께했다. 제나라의 경공景公은 공자의 '이상정치' 설파에 감명을 받아서 그를 정치 고문으로 앉히려 했으나 재상 안영의 반대로 무산되었다. 그때부터 공자의 인생은 조금씩 꼬이기 시작했다. 고국인 노나라는 여전히 어지러웠다. 세도가들이 그를 등용하려 했으나 이를 거절하고 30대 후반에 귀국하여 제자 양성에 힘썼다. 그가 40대를 불혹이라고 부른 것은 권력자들의 유혹에 무릎 꿇지 않고 학문의 길을 계속 추구했기 때문이다.

50대에 나라가 안정되자 다시 벼슬자리에 올라 승승장구했다. 대사구(오늘날의 법무부 장관)에 임명되어서 도덕정치를 펼칠 꿈을 마침내 이루는 듯했다. 하지만 제나라에서 당시 노나라 왕, 정공定公을 미녀로 유혹하여 정치를 소홀하게 했다. 결국 그의 꿈은 일장춘몽이 되었다.

50대 중반의 늦은 나이에 공자는 고국을 떠났다. 수십 명의 제자들을 데리고 세상을 유세 다니면서 자신의 이상을 펼치고자 했다. 하지만 그의 뜻을 받아들이는 위정자는 없었다. 결국 14년간의 유랑을 끝내고 68세의 나이에 다시 고국으로 돌아왔다. 이제 정치와는 인연을 끊고 교육에 전념했다. 하지만 이것이 끝이 아니다. 그의 뜻을 이어받은 수많은 제자들이 그의 사상을 집대성해서 책을 펴내고 이를 전파했다. 사후에는 성인으로 추앙받았다. 우리가 현재 알고 있는 그 공자의 모습으로 말이다.

공자는 지극히 인간적인 스승이었다

《논어》를 읽으면 '인간 공자'를 만날 수 있으며 공자와 제자들의 생생한 말과 행동을 그대로 접할 수 있다. 이것이 바로 이 책의 매력이다. 스승의 모습을 미화하고 싶은 마음도 있었을 텐데 제자들은 그렇게 하지 않았다. 가감 없이 날것 그대로의 모습을 담았다. 공자는 제자들에게 엄하면서도 자상한 모습을 보이고, 때로는 자신의 잘못도 솔직히 인정했다. 제자들을 누구보다 아꼈으며 이들의 성향과 학문적인 성취에 늘 관심을 갖고 있었다. 배움에 열의가 있는 제자라면 신분에 상관없이 받아들였고 교육비도 아주 저렴했다. 그래서 제자의 숫자가 무려 3,000여 명에 이르렀다.

그가 평생 염원하고 가르쳤던 인仁과 예禮에 기반한 도덕정치는 바로 '사랑'이다. 임금이 신하와 백성을 사랑하고, 신하와 백성도 임금을 존경하고 사랑하는 것이다. 그런다면 쓸데없는 전쟁, 무거운 세금 등은 자연스럽게 없어지고 다들 요순시대의 태평성대를 외칠 것이다. 인과 예는 결국 나를 사랑하고 상대방을 사랑하는 행위다. 이것을 깨달을 때 나뿐만 아니라 주변의 사람들도 마음의 평화를 찾게 된다.

보다 쉽고 재미있는 생활밀착형 논어를 만나다

《논어》를 읽으면서 평생 어떠한 인의 마음가짐으로 살아가야 할지 화두를 갖게 되었다. 사람마다 인의 기준이 다르듯 나도 나만의 인을 찾아서 매일 정진하고 노력해야겠다는 생각이 들었다. 그런 면에서 내 인생의 지침서이기도 하다.

시중에 《논어》에 대한 책은 이미 많다. 대부분 해석에 중점을 두고 있어 원문을 이해하는 데 도움을 준다. 하지만 이 책은 조금 다르게 쓰여졌다. 보다 많은 사람들이 《논어》를 이해했으면 하는 바람으로 내용을 쉽게 풀어내는 데 중점을 두었다. 또한 단 한 명이라도 《논어》를 통해서 인생의 변곡점을 맞고 새로운 출발을 한다면 더 바랄 게 없다. 돌아온 인생에 후회가 들고 앞으로 가야 할 길에 의문이 가득하다면 논어에서 다시금 해답의 실마리를 찾을 수 있을 것이다.

나는 철학이나 인문학을 전공하지 않았다. 공대를 졸업하고 반도체 회사의 마케팅 부서에서 20여 년간 일했다. 이런 나의 이력 덕분에 보다 독자 지향적으로 눈높이를 맞출 수 있었다. 나의 눈높이에 맞춰 《논어》를 현대적으로 해석했고, 그것을 어떻게 삶에 적용할지 고민했다.

이 책을 읽고 《논어》에 대한 관심이 생겼다면 꼭 원문과 해설서도 읽었으면 한다. 이 책 원문의 해설은 현대지성과 휴머니스트에서 출간한 두 《논어》를 지침으로 삼았고, 원문의 의미를 최대한 살리면서 재해석했다. 소준섭 저자와 김원중 저자께 감사의 말씀을 전하고 싶다. 또한 신광철 저자의 《공자와 열두 제자》, 《논어, 이것을 알지 못하면》도 논어를 보다 깊이 있게 이해하는 데 도움을 주었다.

참고로 공자의 제자들 명칭은 되도록 그들의 자字로 통일했다. 《논어》에는 '이름'과 '자'가 섞여 있어서 혼동이 되는 부분이 있다. 예전에는 부모, 스승, 왕 외에는 함부로 이름을 부를 수 없었기 때문에 자로 불렀다. 흥미로운 것은 《논어》에서 증삼은 그의 자인 '자여'보다는 증자曾子로 불린다는 점이다. 그만큼 후대에서 그의 학문적 성취를 높이 평가하고, 존경의 의미를 보인 것이리라.

이 책은 회사생활에 쉼표를 찍던 시기에 집필했다. 만약 이러한 쉼이 없었다면 이 책도 세상을 만나지 못했을 것이다. 《논어》라는 어렵고 심각한 주제의 책을 기꺼이 맡아주신 비즈니스북스의 홍영태 대표님께 감사의 말씀을 드린다. 이외에도 회사의 선후배와 동료분들, 그동안 함께 걸어준 친구들, 그리고 여러 작가분들에게도 마찬가지로 감사의 마음뿐이다.

마지막으로 인문학의 DNA를 물려주신 아버지, 어릴 적 엄하게 한자를 가르치셨던 어머니, 누구보다 명석한 두뇌를 자랑하는 형님, 그리고 고전을 붙들고 씨름하는 아빠를 응원해준 쌍둥이 현우, 정우 그리고 아내, 쌍둥이를 잘 돌봐주시는 장인어른, 장모님에게 감사와 사랑의 말을 전하고 싶다.

제1장 │ **태도** : 길은 내 안에 있다

제4장 | **성찰** : 멈춰서 돌아보라

제5장 | **실천** : 매달린 절벽에서 손을 뗄 수 있는가?

태도
態度

길은
내 안에 있다

나만의 속도와 방향을
유지하라

공자께서 말씀하셨다. "활을 쏠 때 과녁을 뚫는 것만을 중요시 여길 필요 없다. 사람들은 저마다 가진 힘이 다르기 때문이다. 이것이 바로 옛날의 도道다."

_〈팔일〉八佾 3.16

子曰 "射不主皮 爲力不同科 古之道也."
자 왈 사 부 주 피 위 력 부 동 과 고 지 도 야

공자는 화살이 과녁을 얼마나 깊게 뚫고 들어가 박히느냐로 등급을 나누거나 점수를 매기는 것은 옳지 않다고 말했다. 사람마다 지닌 힘이 다르기에 과녁을 얼마나 깊이 뚫었느냐로 평가하는 것은 공정치 못하기 때문이다. 공자는 제자마다 각기 지닌 역량이 다름을 알고 있었기에 그들에게 같은 능력을 원하지 않았다. 그는 제자들이 지닌 성향과 특장점을 꿰뚫고 있었으며, 그에 맞춰 교육법을 달리했다. 자로子路에게는 자로의 수준에 맞게 자공子貢에게는 자공의 수준에 맞게 가르침을 주었다.

각자의 색에 맞는 조언은 따로 있다

제자 중 자기계발에 열심이었던 자공은 학문에 욕심이 많았다. 자공은 공자의 제자 중 가장 뛰어난 인물인 안연顏淵처럼 높은 경지에 이르고 싶었다. 그래서 자신의 역량이 어느 정도인지 스승에게 질문하고 '호련'瑚璉과 같다는 답을 얻었다(〈공야장〉公冶長 5.3). 호련은 제사를 지낼 때 음식을 담는 귀중한 그릇을 뜻하는 말로, 호련과 같다는 말은 자공이 이미 공자에게 실력을 인정받았음을 뜻한다. 하지만 그는 자신을 계발하는 데 멈춤이 없었다.

한번은 자신만만한 자공이 이런 말을 했다. "다른 사람이 제게 강요하는 일을 저는 하고 싶지 않습니다. 마찬가지로 저 역시 다른 사람에게 강요하지 않으려 합니다."(〈공야장〉 5.11) 한마디로 상대방이 싫어하는 것을 강요하지 않겠다는 의미다. 그런 자공에게 공자는 "사賜(자공의 이름은 단목사端木賜다)야, 네가 미칠 수 있는 것이 아니다."라고 말했다. 그야말로 자신의 애제자에게 팩트 폭행을 한 셈이다.

물론 애정 어린 충고였다. 솔직하고 싫은 소리도 곧잘 하는 자공이 상대방에게 어떻게 할지 알고 있었기 때문이다. 만약 그에게 덕행의 대명사인 안연, 민자건, 염백우, 중궁과 같은 사람이 되라고 했다면 어땠을까? 자공은 극심한 스트레스를 받고 지쳐 포기했을 것이다. 어쨌든 평소 질문을 많이 하던 자공이 공자의 충고에 이견을 제시하지 않은 것을 보면 쿨하게 자신의 한계를 인정한 듯싶다.

이 이야기는 〈위령공〉衛靈公(15.23)에 다시 한번 등장한다. 자공은 평생 마음에 새겨두고 실천할 만한 것을 스승인 공자에게 물었고, 공자는 "기소불욕 물시어인."己所不欲 勿施於人이라 말했다. 자기가 하고 싶지 않은 일을 남에게 강요하지 말라는 것이다. 반복되는 이야기로 미루어 짐작건대 공자는 자공의 특성을 이해하고 그에 맞는 조언을 해주었음을 알 수 있다.

모두가 같은 속도로 걸을 필요는 없다

"뱁새가 황새 따라가면 가랑이 찢어진다."는 속담이 있다. 나의 분수에 맞지 않게 살면 도리어 해를 입는다. 뱁새는 13센티미터 정도 되는 작은 크기의 새다. 반면 황새는 긴 다리를 지닌 몸통이 큰 새다. 뱁새가 그 짧은 다리로 황새를 쫓아가려고 뛰다 보면 숨도 차고 이래저래 역부족일 수밖에 없다. 아마도 힘들어서 쓰러질 게 뻔하다. 우리들 마음속에도 뱁새이면서 황새가 되고 싶은 욕망이 들어 있다. 안 되는 걸 알면서도 쫓아가지 못해 안달이 난다.

분수에 맞게 살라는 것은 현실에 안주하라는 말이 아니다. 정확히 말하면 내가 갖고 있는 것에 감사하고, 그 안에서 나만의 길을 찾으라는 의미다. 그러니 꿈을 포기하라는 말로 오해해선 안 된다. 꿈을 향해 노력하되 무리하지 말라는 의미다. 더 정확히는 애써 남

을 따라 할 필요 없이 나의 방식과 속도를 유지하라는 것이다. 내게
는 나의 꿈이 있으니, 다른 사람의 꿈을 탐낼 이유가 없다. 나의 속
도와 걸음걸이로 나아가면 된다.

달팽이의 움직임을 본 적이 있는가? 꼬물거리며 정말 느린 속도
로 천천히 기어간다. 저렇게 해서 언제 길을 건너가려나 싶지만 시
간이 지나 살펴보면 어느새 그 달팽이는 사라지고 없다. 자신의 점
액을 이동한 흔적 따라 길가에 남겨둔 채. 느린 속도일지언정 달팽
이는 멈추지 않는다. 자신의 속도로 꾸준히 나아가 궁극에는 가고
자 하는 곳에 도달한다.

결과보다 과정에서 즐거움을 얻어라

하룻밤 새 새로운 것이 나오고 따라가기 벅찰 만큼 급변하는 세상
에서 불안함을 느끼는 것은 당연한지도 모르겠다. 그렇기에 자신의
페이스를 유지하는 것이 중요하다. 남들처럼 하겠다고 자신이 감당
할 수 없는 속도로 달려간다면 중심을 잃고 쓰러질 수 있기 때문이
다. 우리는 모두 자신이 감당할 수 있는 속도가 있다. 달팽이가 개
구리처럼 껑충껑충 뛸 수 없는 것처럼.

공자가 "활을 쏘는데 과녁을 주로 삼지 않는다."고 말한 이유도
이와 같다. 어떤 사람은 천성적으로 힘이 세거나 기술이 좋아서 화

살로 과녁을 쉽게 뚫을 수 있다. 반면 어떤 사람은 태생적으로 힘이 약하고 기술이 부족해 화살을 쏘아 과녁에 간신히 꽂히기도 한다. 이처럼 우리는 타고난 재능도 역량도 모두 다르다.

힘이 약하고 기술이 부족하다면 과녁에 꽂기 위함이 아닌 활을 쏘는 나름의 목적과 목표를 가지면 된다. 혹은 활쏘기가 아닌 다른 일을 찾는 것도 괜찮다. 활을 잘 쏘지는 못하지만 말을 잘 타거나 수레를 잘 몰거나 글을 잘 쓰는 등 분명 다른 재능이 있을 테니 말이다. 남들이 하는 것을 내가 해야 할 필요도 없고, 남들이 가는 방향으로 가야 하는 것도 아니다.

그리고 더욱 주의할 것이 있다. 결과만을 우선시해서는 안 된다는 점이다. 활시위를 당겨 과녁을 맞추는 데만 집착하면 어떨까? 과정은 무시한 채 결과만을 생각한다면? 부담과 강박 때문에 활쏘기가 재미없어질 수 있다. 혹은 압박감 때문에 실력만큼 성취하지 못할 수도 있다. 우리 삶도 이와 같다. 1등, 합격, 승진 등 결과에만 집착하다 보면 그 결과에 이르는 과정이 고통으로 다가온다. 당연히 재미나 흥미를 느끼기 어렵다. 결과만큼이나 그에 다다르는 과정에서의 즐거움과 의미도 놓치지 말아야 한다.

자공은 비록 덕행에서는 다른 네 명의 제자에게 뒤졌지만, 그의 언행은 누구보다 뛰어났다. 나라의 운명을 좌지우지할 정도로 말이다. 또한 그의 상업적 능력은 공자도 인정하고 탄복할 정도였다. 그는 이미 자신만의 도를 이룬 것이다.

지향점이 명확하면
흔들려도 괜찮다

공자께서 말씀하셨다. "가령 산을 만드는 것으로 비유하자면 한 삼태기의 흙을 보태지 않아 완성되지 못하더라도 중지하면 내가 중지하는 것이다. 가령 땅을 평평하게 만드는 것으로 비유하자면 한 삼태기의 흙만 쌓았다고 해도 나아가면 내가 나아가는 것이다."
_〈자한〉子罕 9.18

子曰 "譬如爲山, 未成一簣, 止, 吾止也.
자왈   비여위산   미성일궤   지   오지야

譬如平地, 雖覆一簣, 進, 吾往也."
비여평지   수복일궤   진   오왕야

공자는 한 삼태기의 흙만 쌓아도 전진하는 것이라고 말했다. 사극에서 종종 짚이나 새끼를 엮어 만든 삼태기가 나오는 것을 보게 된다. 요즘에는 보기 드물지만 예전에는 농가에서 곡식, 재, 흙 등을 옮기는 데 다양하게 사용되었던 물건이다. 그런데 작은 삼태기로 흙을 쌓아 땅을 평평하게 만드는 것이 가능할까? 분명 시간이 엄청나게 들 것이다.

그런데도 공자가 이처럼 과장되게 표현한 이유는 따로 있다. 예를 들어서 포클레인이나 불도저 등을 이용해서 흙을 쌓고 쌓아 산을 만들었다. 그리고 딱 한 삼태기의 흙만 보태면 산이 완성될 수 있는 상태라고 가정해보자. 만일 이때 힘들어서 더는 못 하겠다며 포기한다면?

결국 산을 쌓지 못하고 미완성으로 끝이 날 것이다. 그전까지 열심히 흙을 올려 산을 쌓았음에도 딱 한 삼태기의 흙이 모자라서 말이다. 여기서 살펴봐야 할 핵심 키워드는 바로 멈추다는 뜻을 지닌 '지'止와 나아가다는 뜻의 '진'進이다.

때론 멈추는 것도 지혜다

멈추거나 나아가는 것은 온전히 내가 선택할 문제다. 공부를 하거나 사회생활을 하다 보면 숨이 턱에 차오르며 힘겨운 순간을 맞곤 한다. 이때 포기하지 않고 한 걸음 더 나아가는 사람이 있는가 하면 포기하는 사람도 있다. 그 한 걸음이 성공과 실패를 결정하는데도 말이다. 포기하지 않고 자기 길을 향해 정진하는 것은 중요하다. 그렇다면 포기하는 사람은 다 잘못하는 것일까? 꼭 그렇지는 않다는 이야기를 하고 싶다.

자기계발서들은 흔히 "성공이 눈앞에 있으니 조금만 더 노력하면 된다."는 말을 한다. 하지만 이 말은 반은 맞고 반은 틀리다. 쉽게 포기하지 않는 근성을 기르라는 의미에서는 맞다. 하지만 애초에 내가 갈 길이 아닌데 쓸데없이 미련을 둬서 더 큰 손해를 입는다는 점에서는 틀리다. 포기하지 않고 앞으로 나아가는 것이 중요하듯 멈춰야 할 때를 아는 것도 큰 지혜다. 내가 갈 길이 아닌데 무작정 참고 견딘다고 성공하지는 않는다. 그나마 행복을 느끼면 다행이지만 나의 길이 아니라고 느끼면서도 멈추지 않는다면 큰 문제다.

예를 들어 운동선수나 연예인, 음악가, 의사, 변호사, 교수 등을 목표로 해서 누구보다 열심히 운동하고, 연습하고, 공부했다고 하자. 하지만 아무리 노력해도 모두에게 같은 결과로 돌아오지는 않는다. 타고난 재능이나 운의 작용도 무시할 수 없다. 때문에 분명 목표 달성에 실패하는 사람도 나오게 된다. 노력과 상관없이 내외부적 환경 때문에 좌절할 수도 있다. 부상을 당해 운동을 포기하거나 가정 형편 때문에 공부를 지속할 수 없는 경우도 있다. 목표를 달성하지 못할 이유는 다양하다. 그럴 때는 아무리 노력해도 빛이 보이지 않는다. 1~2년이라면 모르겠지만 그것이 5~10년이라면 손실이 너무 크다.

일과 업을 통해 가치를 추구하라

이쯤에서 '삼태기의 흙을 나르라'는 공자의 가르침을 다시 생각해보자. 이것이 무엇을 뜻하는 말인지 대답을 찾기 위해서는 먼저 자신이 우선시하는 '가치'를 돌아봐야 한다. 어떤 일을 할 것인지 구체적인 업이 아니라 그 일을 통해 창출하고자 하는 궁극의 가치 말이다.

돈과 명예가 중요한가? 아니면 새로운 것을 창조하는 데서 즐거움을 얻는가? 남들에게 베푸는 것을 좋아하는가? 삶에 있어 중요한 메시지를 전달하는 것에 사명감을 느끼는가?

이렇게 인생을 보다 큰 관점에서 바라보면 직업은 내가 추구하는 가치를 위한 일부분이 된다. 만일 연예인을 목표로 최선의 노력을 했으나 실패했다고 하자. 그렇다면 연예인이 되지 못했다고 좌절할 게 아니라 연예인이 되고자 한 이유, 그것을 통해 추구하고자 한 가치가 무엇인지를 생각해봐야 한다.

단지 유명해지고 돈을 많이 버는 것이 아니라 자신의 재능으로 다른 사람들에게 기쁨을 주는 게 목표였다면 다른 길을 택할 수 있다. 유튜브를 통해서 재능을 펼칠 수도 있고, 댄스 강사나 연기 강사가 되어 가르침을 주며 즐거움을 느낄 수도 있다. 직업 자체에 얽매일 게 아니라 그 일을 통해 궁극적으로 이루고자 한 바에 집중하는 것이 중요하다. 그것이야말로 나의 가치를 향해서 계속 나아가는 길이다.

애플의 CEO 팀 쿡은 노동과 평등에 큰 가치를 두었다. 때문에 그는 누구보다 열심히 일할뿐더러 장애를 가진 사람이나 성소수자 등 약자를 생각하는 평등에 대한 관심과 지원을 아끼지 않는다. 한편 아마존의 창업자 제프 베이조스, 테슬라의 CEO 일론 머스크,

메타(전 페이스북)의 창업자 마크 저커버그 등은 새로운 미래를 만들어가는 것에 큰 가치를 둔 이들이다. 그렇기에 끊임없이 새로운 것에 도전하고 불가능을 향해 전진한다. 그들이 단지 돈만을 목적에 두었다면 하지 못했을 일들이다.

공자가 강조한 것은 '학문'이다. 학문을 갈고 닦으며 정진하는 과정이 쉽지 않더라도 배우기를 멈추지 말라는 의미였다. 학문적인 성취를 이루어서 산을 만들었다고 해도 마지막까지 한 삼태기의 흙, 즉 공부를 보태 학문에 더욱 정진하라는 것이다.

이것을 우리 삶에 대입해보자. 단기적 목표나 계획을 세우기 전에 먼저 나의 가치를 정리해봐야 한다. 나는 무엇에 가치를 두고 살고 있는가? 어떤 일을 할 때 열정이 생기고 기쁨을 느끼는가? 나는 누구이며, 무엇에서 의미를 찾는 사람인가? 어떤 직업을 갖고 어떤 일을 할 것이냐는 그다음에 정할 일이다. 진정 중요한 것은 무엇에 가치를 두고, 어떤 지향점을 향해 나아가느냐다.

업을 대하는 태도가
인생을 대하는 태도다

제경공齊景公이 공자께 정사政事를 여쭙자, 공자께서 말씀하셨다. "임금은 임금다워야 하고, 신하는 신하다워야 하며, 아버지는 아버지다워야 하고, 자식은 자식다워야 합니다." _〈안연〉 12.11

齊景公問政於孔子.
제 경 공 문 정 어 공 자

孔子對曰 "君君, 臣臣, 父父, 子子."
공 자 대 왈   군 군   신 신   부 부   자 자

지금 나의 역할은 무엇인가? 회사원, 사업가, 자영업자, 학생, 주부, 공무원, 프리랜서, 유튜버, 작가, 음악가 등 다양할 것이다. 그럼 다음 질문에 답해보자. 지금 맡은 일에 최선을 다하고 있는가?

많은 이들이 자신의 삶에 최선을 다하고 있다고 생각한다. 적어도 하루 8시간 이상을 투자해서 일하고 있기 때문이다. 최선을 다해 살고 있긴 하지만 한편으로는 지금보다는 좀 더 나은 삶을 원하기도 한다. 지금 하는 일이 불만족스럽거나, 막연히 다른 일을 꿈꾸기도 한다.

세상이 권하는 직업에 나를 맡기지 말라

다른 직업 혹은 다른 직장을 부러워하고 동경하는 사람들이 많다. 하지만 무조건 좋은 직업이나 직장이란 없다. 어떤 일이든 어떤 직장이든 각기 장단점을 갖고 있다.

전문직이나 공무원은 어떨까? 많은 이들이 의사나 변호사라는 직업을 동경해왔지만 힘든 것은 마찬가지다. 의사는 많은 환자들을 상대해야 하고 환자의 삶과 건강에 있어 중차대한 일을 하기에 정신적인 스트레스도 크다. 특히 외과나 응급외과 등 생사를 시급하게 다투는 곳에서는 늘 초긴장 상태로 지내야 한다. 환자의 목숨과 건강이 걸려 있기에 작은 실수조차 용납되지 않을 만큼 책임감이 막중한 일이다. 그뿐인가. 몇 달씩 병원과 환자에만 매여 있다 보니 가족 얼굴조차 보기 힘들다는 이야기도 많이 들어보았을 것이다.

금융업계는 어떤가? 수억 원대 연봉을 자랑하는 애널리스트가 부럽다고 생각할 수도 있다. 하지만 그들 역시 업무 부담이 상당하다. 거의 매일 밤 12시까지 일하고도 다음 날이면 7시 전에 출근해야 한다. 주말에 출근하는 것도 부지기수다. 세계 경제 동향은 물론 기업과 시장의 변화도 항상 파악해야 하므로 긴장의 끈을 놓을 수 없다. 겉보기에는 좋은 직업처럼 보이지만 매일매일 피 말리는 무한 경쟁의 한복판에 놓인 일이다.

의사나 애널리스트라는 직업이 좋다 나쁘다를 말하는 게 아니다.

남들 눈에 보이는 것과 그 직업의 실제는 다르다는 뜻이다. 때문에 중요한 것은 좋아 보이는 직업을 택하는 것이 아니라, 나의 적성에 맞는 일을 택하는 것이다. 그런데 안타깝게도 대부분은 적성을 알아볼 겨를도 없이 직업을 택한다. 학교를 졸업하면 바로 취업난을 뚫고 생활전선에 뛰어들어야 하기에 적성을 따져가며 직업을 고르는 것이 자칫 배부른 소리로 들리기도 한다. 혹은 자신이 무얼 좋아하는지는 제쳐두고 부모님이 원하는 직업을 택하는 경우도 많다.

부모들이 선호하는 직업군은 대체로 의사, 변호사, 판사, 공무원, 대기업 회사원 등이다. 누군가는 다른 사람의 생명이나 건강에 관심이 없는데도 의대에 다니며 어려운 의학 공부를 해야만 한다. 어떤 사람은 국가고시를 준비하기 위해서 몇 년간 고시원에 머물며 시간과 노력을 쏟아붓는다. 반드시 성공한다는 보장도 없이 말이다. 또 어떤 사람은 가족 대대로 내려오는 직업을 물려받아야 한다는 부담도 있다. 이처럼 남들이 보기 괜찮다고 인식되는 직업, 부모가 원하는 직업을 택하는 이들이 적지 않다. 그런데 그 직업이 자신에게 맞지 않는다면 어떻게 해야 할까? 혹은 그 일에 재능이 없다면?

"직업에 귀천은 없다."고 하지만 우리는 여전히 주변의 눈치를 살핀다. '사농공상' 신분제의 잔재가 여전히 남아 있다. 하지만 세상은 급변하고 있으며 직업의 세계도 마찬가지다. 직업의 귀천을 따지는 것은 변화하는 세상을 이해하지 못하는 시대착오적인 태도다. 중요한 것은 내가 무엇을 좋아하고 잘하는지를 파악해 적성과 재능에 맞는 일을 찾는 것이다. 그리고 이것은 내가 추구하는 가치로 연결된다.

고통스러운 노동을 할 것인가, 가치 있는 일을 할 것인가

나는 일에서 어떤 가치를 추구하는가? 그 가치에 따라 맡은 일에 성심을 다하고 즐겨야 한다. 《린치핀》의 저자 세스 고딘은 이를 '예술'이라고 표현한다. 같은 일을 하더라도 어떤 사람은 생계를 위해서 일한다고 생각하는 반면 어떤 사람은 자신을 '예술가'로 정의한다. 한 분야에서 꾸준히 최선을 다한 사람은 예술가의 경지에 오르고 장인이 된다. 이처럼 업을 대하는 태도에 따라 생계를 위한 고역이 되기도 하고 예술이 되기도 하는 것이다.

지금 내가 하고 있는 일이 적성에 맞다면 최상이지만, 그렇지 않더라도 실망할 필요는 없다. 우선 직업을 바라보는 시각이 바뀐다면 그 일에서 좀 더 의미를 찾을 수 있다. 힘들고 괴로운 일이라고 생각하면 더 힘들게 마련이다. 힘들더라도 감사한 마음을 잊지 않고, 일에서 의미를 찾고 즐기려 한다면 태도와 습관이 바뀐다. 자연스럽게 인생 역시 달라지게 된다.

〈30대 자영업자 이야기〉라는 유튜브 채널에는 다양한 분야의 자영업자들이 출연한다. 자영업자들은 코로나19로 여러모로 어려움을 겪으며 힘든 상황에 처해 있었다. 그럼에도 좌절하는 대신 그 상황을 타개하기 위해 노력하면서 보람을 느끼는 이들도 많았다.

"내가 손님이라면 어떨지, 한 번만 더 생각하면 좋을 것 같아요."

"사소한 일 하나가 큰 차이를 만들어요. 그래서 늘 고민하죠. 무엇보다 사장이 힘들어야 손님들이 감동을 하거든요"

꾸준히 방송을 보다 보니 자영업을 하면서 성공한 이들에게서 공통점을 발견할 수 있었다. 고객을 우선으로 생각한다는 점이다. 그 다음이 제품 차별화다. 음식점을 하는 어떤 사장은 음료수를 서빙할 때 늘 얼음 잔과 함께 준다고 했다. 고객이 음료수를 시원하게 마시길 바라는 마음에서다. 또 어떤 사장은 다른 가게에서 못 구하는 제품을 만들어 팔거나 가격을 더 저렴하게 해서 경쟁력을 갖춘다. 당장에는 귀찮고 손해인 것 같지만 이러한 사소함이 나중에는 큰 차이를 만든다. 그 사소함에 정성과 진심이 담겨 있기 때문이다.

물론 나만의 사업을 한다는 것은 결코 낭만적인 일이 아니다. 겉으로 보이는 것과 달리 현실적으로 감내해야 할 것들이 많다. 매달 임대료와 인건비를 감당해야 하므로 장사가 안 되면 적자가 나기 일쑤다. 그래서 한순간도 사업에 대한 관심을 내려놓을 수 없다. 휴가도 따로 없다. 바로 매출과 연계되기 때문에 마음 놓고 쉴 수가 없는 것이다. 하지만 자신이 믿는 가치, 즉 고객 만족을 위해서 피와 땀을 흘리기를 주저하지 않는다.

임금은 임금다워야 하고, 신하는 신하다워야 하며, 아버지는 아버지다워야 하고, 자식은 자식다워야 한다고 공자는 말한다. 각자 자신에게 맞는 역할이 있고 그것을 감당해야 한다는 뜻이다. 세상에 하찮은 일이란 없다. 직업에 귀천을 만드는 것은 다른 사람의 시선이 아니라 바로 나 자신이다. 나의 일을 하찮다고 생각하는 순간 그 일은 하찮아진다. 스스로 자신의 일에 대한 격을 떨어뜨리는 셈이다. 내가 나의 일을 귀히 여기고 소명 의식을 갖는다면 그 일은 귀한 일이 된다.

그럼에도 여전히 사회적으로 각광받는 직업에 대한 미련이 있다면 한번 상상해보라. 내가 그 직업을 갖고 일할 때 과연 어떤 느낌일까? 진정 행복할까? 아니면 안 맞는 옷을 입고 있는 느낌일까? 막연한 동경이 아니라 그 일을 잘 해낼 수 있을지, 그 일로 인해 감내해야 할 현실적 문제들까지 고려해보길 권한다. 그때도 그 일이 하고 싶다면 기꺼이 도전해보자.

남들의 시선이 아닌
마음의 좌표를 읽어라

공자께서 말씀하셨다. "옛날의 학자는 자신을 위해 공부하고 연구했는데, 지금의 학자는 남에게 자랑하기 위해서 한다." _〈헌문〉憲問 14.24

子曰 "古之學者爲己 今之學者爲人."
자 왈 고 지 학 자 위 기 금 지 학 자 위 인

우리는 살면서 사람 때문에 기쁨과 즐거움을 얻는가 하면 사람 때문에 슬픔과 고통을 얻기도 한다. 사람이 어우러져 살아가는 데서 벌어지는 여러 일 중 타인의 시선에 집착하는 것은 어쩌면 자신을 가장 힘들게 만드는 일이다. 이민을 원한다는 이들 중 상당수가 다른 사람 눈치 보지 않고 살기 위해서라고 할 정도다. 아무 연고도 없는 낯선 곳으로 가면 주변의 시선을 의식하지 않아도 되고, 그만큼 자유롭게 살 수 있기 때문이다. 반면 외로움과 정서적 차이는 감수해야겠지만.

타인의 인정과 사랑에 집착할 때 생기는 문제

우리는 기본적으로 인정을 받고 싶어 한다. 이는 인간의 본성이다. 공부나 일을 열심히 하거나 돈을 모으는 것도 그렇다. 스스로 성취감과 만족감을 얻기 위해서긴 하지만 다른 사람들의 존경과 사랑을 받고 싶은 욕구 또한 기저에 자리한다.

공자가 살았던 시대라고 다르지 않다. 그때는 학문을 통해서 입신양명하는 것이 사람들에게 인정받는 지름길이었다. 사실 공자가 공부에 뜻을 세우고 누구보다 열심히 학문에 정진한 것도 비천한 신분을 극복하기 위해서였다. 그는 주문공周文公과 같이 군주를 도와서 세상을 바로 잡는 도덕정치를 하고자 했다. 백성들이 안전하고 행복하게 살 수 있는 세상을 만들고 싶었던 것이다. 한데 미천한 신분으로는 그 일을 할 수 없었기에 학문을 통해 신분을 높이고자 했다.

하지만 시간이 지날수록 남는 것은 실망뿐이었다. 군주는 힘이 없었고, 세도가가 득세했다. 그의 뜻을 펼치기에는 역부족이었다. 결국 50대 중반을 넘어서 14년간 유세를 떠나야 했다. 그러나 위정자들은 이상정치, 도덕정치보다는 우선 자신의 세력을 공고히 하고 싶어 했기에 공자의 말을 귀담아듣지 않았다. 공자는 이러한 세태에 염증을 느끼고 다시 고국인 노나라로 돌아와서 말년을 보냈다. 그럼에도 공자는 끝까지 포기하지 않았다. 여전히 위정자들에게 자신의 의견을 솔직하게 피력하면서 제자들을 육성했다. 그가 만약 부와 명성을 탐했다면 실망과 좌절감 때문에 더 이상 노력하지 않았을 것이다. 하지만 그는 주변의 시선과 상관없이 자신이 믿는 가치를 추구했다.

> "군자는 자신의 능력이 없음을 걱정하며, 다른 사람이 자신을 알아주지 않는 것을 걱정하지 않는다."
>
> _〈위령공〉 15.18

그는 군자가 되기 위해서는 주변의 시선에 상관없이 꾸준히 학문을 닦아야 한다고 늘 강조했다. 남을 의식하지 말고, 자신을 위한 학문을 해야 한다고 말이다. 그렇다면 지금의 우리는 어떨까? 자신이 이룬 것을 과시하고 남들에게 인정받기 위해 집착하는 사람들이 많다. 그것이 선의든 악의든 간에 타인에게서 인정받고 싶어 하고, 남의 부러운 시선을 즐기면서 기뻐한다.

'공수래공수거'라는 말처럼 빈손으로 와서 빈손으로 돌아가는 것이 인생이다. 인정을 받거나 존경을 받는 것이 나쁠 리야 없겠지만 그것이 목적이 되어 집착할 필요는 없다. 타인의 인정이나 존경은 내 삶의 가치관대로 열심히 살다 보니 자연스레 따라오는 것이어야 한다. 성경에도 "오른손이 하는 일을 왼손이 모르게 하라."라는 말이 나오듯 좋은 일을 굳이 남들에게 과시할 필요는 없지 않은가.

외부에 맞춰진 시선을 내면으로 돌려라

우리가 살고 있는 세상은 큰 것이든 작은 것이든 마음껏 과시하기 좋도록 시스템이 만들어져 있다. 특히 SNS가 그렇다. 최신 인테리어로 꾸며진 집, 멋진 차, 명품 가방과 옷들…. 잘 설정된 사진들이 즐비하게 넘쳐난다. 디지털 공간에 올라오는 사진들을 보면 나만 빼고 모두 행복하게 잘 살고 있는 것처럼 느껴진다. 실제 모습과 달리 과장되어 연출된 모습인 것을 알면서도 많은 이들이 상대적 상실감에 빠지곤 한다.

이처럼 남들에게 보이는 것에 집착하면 어떤 문제들이 생길까? 우선 마음이 불편하고 불행해진다. 나의 실상과 마음은 그렇지 않은데 예쁘게 포장하려다 보니 실제와 보여지는 것 사이에 괴리가 생겨난다. 혹은 해결되지 못한 열등감을 남들의 인정과 부러움으로 보상받고자 하는 경우도 있다. 그러나 외부에서 주어진 환호나 부러움이 나의 열등감을 없애주지는 못한다. 내 안에서 일어나는 일은 내가 해결해야만 하기 때문이다.

끊임없이 자신의 일상을 SNS에 올리고 사람들의 관심과 호응에 집착하고 있다면, SNS와 인터넷을 잠시 멈추길 권한다. 처음에는 금단현상이 나타나 조금 힘들 수도 있다. 하지만 그 시기가 지나고 나면 외부로 향했던 시선이 조금씩 자신에게로 전환되는 것을 느낄 수 있다. 남들의 시선이나 반응에만 쏟았던 에너지가 점차 나에게로 옮겨온다. 그렇게 되면 남에게 보이기 위한 것이 아니라 진정으로 내가 좋아서 하는 행동을 하게 된다.

공자는 "군자는 세상을 떠나고 나서 자신의 이름이 일컬어지지 않는 것을 근심한다."(〈위령공〉 15.19)고 말했다. 군자도 사람이기에 누군가에게 인정을 받고 싶은 마음이 자리하고 있음이 드러난 문구다. 그것은 자연스러운 현상이다. 다만 그것이 지나쳐 '명예욕'에 집착하면 문제가 된다.

세상사에 도통하고 수많은 제자를 거둔 공자도 자신을 진정 알아주는 사람은 없고, 오직 하늘만이 알아준다고 말할 정도였다(〈헌문〉 14.35). 그 속뜻을 헤아려 살펴보면 위정자들에게 자신의 정치 철학이 채택되지 못한 답답함도 있었지만, 그만큼 세상일에 달관했다는 의미도 된다. 결국 공자를 알아주고 인정한 것은 당대의 위정자가 아니라 후대의 위정자였고 수많은 제자들이었다. 하늘뿐만 아니라 사람들도 그의 가치를 알아주고, 배우며 따르고자 했다.

자신이 뜻한 길을 가다 보면 많은 장애물이 나온다. 그중에서 제일 경계해야 할 것이 바로 명예욕이다. 애초 뜻했던 바를 외면한 채 명예욕에 집착하면 본질이 훼손된다. 자신이 무엇을 원했는지 왜 그 일을 하려고 했는지 잊게 된다. 다시 초심으로 돌아가 자기 내면의 목소리에 귀를 기울여보자. 어디로 가야 할지, 삶의 방향이 보일 것이다.

영혼을 채우면
스스로 빛이 난다

공자께서 말씀하셨다. "도에 뜻을 둔 선비가 낡은 옷과 맛없는 음식을 부끄러워한다면 그와 도에 대해 논할 가치가 없다." _〈이인〉里仁 4.9

子曰 "士志於道, 而恥惡衣惡食者, 未足與議也."
자 왈   사 지 어 도   이 치 악 의 악 식 자   미 족 여 의 야

공자의 제자는 노나라 출신이 많은데, 이들은 대부분 몰락한 가정에서 태어났으며 경제적 형편이 어려웠다. 그런 이유로 공자가 주유천하周遊天下를 했을 때 자공의 경제적인 서포트가 필요했는지도 모른다.

몰락한 가문 혹은 가난한 가정에서 자라는 경우에는 돈과 권력에 한이 맺혀서 부귀영화를 목표로 공부에 매진하는 이들이 있다. 하지만 공자의 제자들은 그러지 않았다. 일부는 벼슬자리에 올랐지만 출세욕의 노예가 되지 않았다.

영혼이 공허할수록 외양에 집착하는 이유

공자의 제자들 중 대부분은 출세욕에 휘둘리지 않았지만 어디에나 그렇듯 예외는 있다. 노나라의 권세가 계씨 밑에서 일하던 '염유'다. 그는 본인의 출세를 위해서 바른 소리를 하지 않았다고 공자에게 종종 지탄을 받았다.

염유와 달리 권세가의 유혹에 굴하지 않고 떳떳하게 자신의 의견을 말한 제자도 있다. 바로 '민자건'이다. 그는 덕행과 효행으로 이미 공자에게서 인정을 받았을 정도로 훌륭한 인품을 갖고 있었다. 어느 날 그에게도 노나라의 계씨 밑에서 일해 달라는 제안이 왔다. 드디어 벼슬길이 열렸고 지긋지긋한 가난과도 이별할 수 있었다. 하지만 그는 이렇게 답했다. "그 제안을 받아들일 수 없다고 전해 주십시오. 제가 사양했음에도 다시 저를 찾아온다면 저는 문수汶水 가로 달아날 수밖에 없습니다."(《옹야》雍也 6.7)

민자건이라고 가난에서 벗어나고 싶지 않았을까? 그러나 계씨 밑에서 일할 수는 없었다. 계씨가 누구인가? 노나라의 왕인 소공, 정공, 애공 등을 쥐락펴락하는 삼환씨(계손, 맹손, 숙손씨)의 수장이었다. 그러니 임금에 대한 충忠을 배운 그로서는 도저히 용납할 수 없는 일이었다. 물론 염유처럼 능력을 인정받으면서 세도가를 교화시키는(물론 이들은 교화되지 않았다) 방법도 있다. 하지만 민자건은 타협하지 않았다.

민자건보다 한술 더 뜬 인물은 '안연'이었다. 그 역시도 벼슬길에 오르지 않았고 가난함을 감내하며 살았다. 그는 높은 벼슬을 얻지 못했어도 자존감을 잃지 않았으며, 겸손했고, 배움의 기쁨으로 충만했다. 그를 두고 공자가 이렇게 감탄하며 말할 정도였다.

"현명하구나, 안회(안연)여! 밥 한 그릇과 표주박 한 개에 담긴 마실 것으로 궁벽한 마을에서 사는 근심을 다른 사람들은 감당하지 못하는데, 안회는 그 즐거움을 바꾸려 하지 않으니, 현자로구나, 안회여!"

_〈옹야〉 6.9

공자가 이렇게 감탄하는 데는 이유가 있었다. 공자는 음식에서도 자기만의 도를 중요시했다. 회는 가늘게 썰어야 하고 고기도 바르게 잘라야 했다. 그 외에 상태가 좋지 않은 음식은 아예 입에 대지 않았다. 물론 건강을 위해서 그랬겠지만, 안연의 소박한 식사와 비교하면 꽤 풍족했던 것이 사실이다.

예전에는 자신이 믿는 가치를 위해서 물질적인 부와 명예를 포기하는 것을 높게 평가했다. 이를 명예롭다고 칭송했다. 하지만 지금은 어떤가? 값싼 옷이나 음식을 부끄러워하고 좋은 차와 명품 가방으로 과시하려 든다. 물질적인 부나 외적인 화려함으로 자존감을 높일 수 있다고 착각한다. 사실은 그렇지 않은데 말이다.

소유와 행복의 방정식

우리는 지금 그 어느 때보다 물질적으로 풍요로운 시대에 살고 있다. 하지만 끊임없이 소비하고 소유해도 상실감을 느낀다. 채워도 채워지지 않는 공허함에 시달린다. 그런가 하면 물건의 소중함을 잊어버린 채 쉽게 사고 쉽게 버리기도 한다. 이 모든 것이 소비와 소유에서 자신의 존재 의의를 찾으려 하는 거짓된 욕구 때문이다. 이와 관련해 《린치핀》에는 다음과 같은 이야기가 나온다.

"단 두 세대 만에 소비문화는 완성되었다. 이 세상에 전혀 존재하지 않던 생활양식이 생겨난 것이다. 남을 따라 물건을 사는 행동은 우리가 타고난 유전적 자질이 아니다. 최근에 '만들어진' 욕구일 뿐이다."

우리는 만들어진 욕구에 의한 끊임없는 소비의 반복을 하고 있다. 쇼핑이나 소비 자체를 부정하자는 게 아니다. 소비가 또 다른 소비를 부르며 쇼핑 중독에 이르는 것을 경계해야 한다는 말이다. 최근에는 소비 자체에 중독되어 물건을 사들이기만 하고 정작 박스조차 풀지 않은 채 쌓아두는 사람들도 있다고 한다. 물건을 사는 데서 오는 잠깐의 즐거움은 유효 기간이 짧다. 찰나로 사라져버리고 이내 공허함이 찾아온다. 중독된 소비는 결코 진정한 행복을 가져다주지 않는다. 행복은 소비나 소유와 비례하지 않기 때문이다.

나는 어떤 옷을 입었느냐로 규정되지 않는다

메타의 창업자 마크 저커버그의 예화를 살펴보자. 그의 재산은 약 100조 원을 넘는 수준으로, 불과 30대 중반의 나이에 세계 10대 부자 안에 들었다. 그 정도의 재산이 있다면 궁궐 같은 집에 살며, 매일 진수성찬을 먹고, 온몸을 명품으로 치장할 수 있다. 하지만 그는 어떤가?

회색 티셔츠에 청바지만을 고수한다. 심지어 공식 석상에 아디다스의 삼선 슬리퍼를 신고 나올 때도 있다. 우리가 동네에서 흔히 보는 그 삼선 슬리퍼 말이다. 그가 이렇게 단조로운 차림을 고수하는 이유는 옷 고르는 시간을 절약하기 위해서라고 한다. 옷 고르는 시간을 줄여 보다 가치 있는 일에 자신의 시간을 쓰기 위해서다. 그렇다면 그가 중점을 두는 가치는 무엇일까?

메타의 다음 미션에서 그 의미를 유추할 수 있다.

"공동체를 형성하고 사람들에게 세상을 더 가깝게 만들 수 있는 힘을 준다."

한마디로 이 세상 어디에 있든지 가상의 공간에서 공동체를 만들고 사람과 사람을 연결해주는 플랫폼이 되겠다는 의미다. 그는 이러한 가치를 위해서 작은 것(불필요한 소비)을 포기했다. 그리고 차후 메타 지분의 99퍼센트를 기부하겠다고 선언했다. 기업이 벌어들인 돈을 혼자 소유하는 대신 공동체에 기부해 더 많은 이들과 나누겠다는 뜻이다.

공자 역시 허무한 욕구 대신에 진정한 욕구를 찾고자 했다. 바로 배움의 욕구다. 공자의 또 다른 제자 '자로'도 마찬가지다. 그는 아무리 해진 헌 솜옷을 입고 서 있어도, 여우나 담비 가죽 옷을 입고 있는 사람과 서 있어도 늘 떳떳하다고 했다(〈자한〉 9.26). 어떤 옷을 입었느냐로 자신이 규정되거나 가치가 정해지지 않음을 알고 있기 때문이다.

우리 내면이 빛나는 순간은 언제일까? 그것은 영혼이 충만감을 느꼈을 때다. 책을 읽고 좋은 문장에 감화받아 그것을 반복해서 읽고 사색하면 영혼이 충만해질 수도 있다. 집안을 깨끗이 청소하고 반짝반짝 빛나는 모습을 볼 때 행복을 느낄 수도 있다. 혹은 어려운 사람을 도와주면서 충만함을 느낄 수도 있다.

자신의 영혼이 충만해지는 순간은 각기 다를 것이다. 반드시 대단한 일이어야 할 필요는 없다. 작고 소박한 일이어도 괜찮다. 일상에서 힘을 얻고 행복을 찾을 수 있다면 말이다.

나만의 원칙과 소신을
지키며 산다는 것

자공이 여쭈었다. "가난한데도 아첨이 없고, 부유한데도 교만이 없으면 어떻습니까?" 공자께서 말씀하셨다. "괜찮다고 할 수 있다. 하지만 가난하지만 즐기고, 부유하면서도 예를 좋아하는 자에 미치지 못한다." _〈학이〉 1.15

子貢曰 "貧而無諂, 富而無驕, 何如?"
자 공 왈 빈 이 무 첨 부 이 무 교 하 여

子曰 "可也, 未若貧而樂, 富而好禮者也."
자 왈 가 야 미 약 빈 이 락 부 이 호 례 자 야

자공은 공자의 제자 중에서 가장 성공한 인물이다. 여기서 말하는 성공은 권력, 명예, 부의 기준에서다. 그는 누구보다 말솜씨가 뛰어났는데, 공자도 그의 제자 중에서 자공과 재아宰我를 언어 방면에서 가장 뛰어나다고 인정할 정도였다. 그뿐 아니다. 뛰어난 정치와 행정 능력 덕분에 노나라와 위나라의 재상을 모두 지냈다. 공자가 14년간 주유천하를 할 때 자공이 큰 경제적 도움을 주기도 했다. 똑똑하고 능력 있는 데다 학문적 성취도 보였기 때문에 공자가 총애하는 제자 중 한 명이었다.

진짜 부자는 가진 것을 나눌 줄 아는 사람이다

그는 어느 날 이런 질문을 던졌다. "스승님, 가난한데도 아첨이 없고, 부유한데도 교만이 없다면 어떻습니까?" 사실 이 정도 사람만 될 수 있어도 상당한 도의 경지에 이른 것이다. 그런데 공자는 여기에 한술 더 떠서 "괜찮다고 할 수 있다. 하지만….."이라고 이야기했다.

공자도 자공의 말에 공감했지만 한 단계 더 나아가서 "가난하지만 즐기고, 부유하면서도 예를 좋아하는 자에 미치지 못한다."라고 답했다. 즉 물질적으로 풍족하지 않더라도 나만의 도를 찾고, 부자가 되더라도 예를 잊지 말라는 의미다.

여기서 이들의 대화가 끝난 것은 아니다. "스승님, 이러한 경지가 《시경》에 나온 '절차탁마'(학문이나 인격을 갈고 닦음)가 아닌지요?"라고 여쭈었다. 이때 공자가 감탄하면서 "사야, 비로소 너와 더불어 《시경》을 논할 수 있겠다."라고 말했다. 자공이 공자에게 극찬을 받은 몇 안 되는 일화 중 하나다.

가난하지만 즐거움을 잃지 않고 부자이면서도 예를 좋아한다는 것은 매우 어려운 일이며, 꾸준히 갈고 닦아야 다다를 수 있는 경지다.

많은 이들이 부자가 되고 싶어 한다. 그 어느 때보다 부에 대한 열망이 거세지고 있으며, 어느새 가난한 것은 부끄러운 것으로 치부되는 세상이다. 아파트 평수나 연봉으로 서로를 비교하며 등급을 매기고, 남들에 미치지 못하면 열등감을 느끼며 신세 한탄을 한다. 열심히 일해서 돈을 벌고, 알뜰하게 경제를 꾸리고, 현명하게 재테크를 하는 것도 중요한 일이다. 그러나 다른 사람들의 부를 부러워하고, 그와 비교해 스스로를 초라하게 여길 필요는 없다.

공자에게 부는 뜬구름 같은 것이었지만, 그럼에도 정당하게 돈을 모으는 것에 대해서는 반대하지 않았다. 공자뿐 아니라 누구라도 그럴 것이다. 자기 능력으로 정당하게 획득한 부는 당당하다. 한데 중요한 것은 돈을 모으는 것보다 모은 돈을 어떻게 쓰느냐에 있다. 남에게 과시하기 위한 부는 예를 갖춘 것이 아니다. 나뿐만 아니라 남에게 베푸는 마음을 갖는 것, 그것이 부자의 예다.

그 대표적 예로 '더 기빙 플레지'The Giving Pledge를 들 수 있다. 전 세계 대부호들이 사회에 재산을 환원하기로 약속한 모임으로, 가난하고 소외된 계층을 지원하는 것이 이 재단의 주 목적이다. 재산의 절반 이상, 최소 5억 달러 이상을 기부해야 회원으로 참여할 수 있다. 이 모임은 2010년, 마이크로소프트의 창업자인 빌 게이츠를 포함해 40명의 가장 부유한 사람들에 의해 시작됐다. 이어서 전설적인 투자자 워런 버핏, 메타의 마크 저커버그 등 유명 인사들이 참여했다. 이미 200여 명의 부자들이 재산을 기부하기로 서약했고, 약속된 금액보다 1조 달러를 넘었다.

하지만 이렇게 거창한 부의 환원만이 의미 있는 것은 아니다. 적은 금액이라도 얼마든지 기부 활동에 참여할 수 있다. 나누는 것이 꼭 돈일 필요는 없다. 무료로 재능을 나눌 수도 있고, 자원봉사 활동을 할 수도 있다. 내가 할 수 있는 방식을 찾으면 된다.

나는 나를 둘러싼 그 어느 것보다 크고 넓다

여기서는 기부를 중점으로 설명했지만 기부만이 도와 예라는 의미는 아니다. 중요한 것은 나만의 삶의 원칙을 찾는 것이다. 도라는 말은 매우 다양하게 해석될 수 있지만 쉽고 간결하게 말하자면 '마음의 길을 찾는 것'이라 할 수 있다. 예를 들어 행복에 대한 정의를 내린다고 해보자. 누군가는 남과 무언가를 공유하거나 가치 있는 일을 했을 때 행복을 느끼고, 또 다른 누군가는 일상의 소소함 속에서 행복을 느낀다.

S 시리즈 벤츠를 타고 다니고, 넓은 집에 살면서 그랜드 피아노를 칠 수 있다면 더 행복할 것이다. 하지만 그 행복은 가치관이 명확하고 자기중심이 분명할 때 가능하다. 내면은 텅 빈 채 나를 과시하기 위해 축적한 부를 누리는 일은 행복으로 연결되기 어렵다.

따라서 먼저 나의 마음을 들여다봐야 한다. 내가 무엇을 원하는지 알아야 '나의 길', '나의 도', '내 삶의 원칙'을 찾을 수 있다. 남들이 좋다고 하는 길, 겉으로 멋있어 보이는 길은 나의 길이 아니다. 내가 진정 원하는 길은 내 마음속에 있다. 나의 길을 찾은 사람은 가난하든 부유하든 그 근본을 잃지 않는다. 다른 무엇에 기대지 않고 내가 나로 존재하기 때문이다.

"산은 산이고 물은 물이로다."라는 말씀을 남긴 성철 스님의 행적도 이와 같았다. 스님은 부와 명예를 탐하는 승려들에게 일갈을 날렸다. 뜻이 맞는 다른 스님들과 봉암사 결사를 통해서 불교계를 쇄신하도록 노력했다. 심지어 권력의 정점에 있던 이들이 깊은 산속에 찾아와도 만나지 않고 돌려보낼 정도로 권력을 멀리했다. 평생 수행과 선한 영향력을 행사하고 세상을 떠났다. 남은 유품도 낡은 장삼, 지팡이, 삿갓, 노트, 볼펜 등이 전부였다. 하지만 그는 소박한 삶을 즐기고 여유를 잃지 않았다. 세상의 수많은 유혹을 멀리하고 자신만의 길로 나아간 것이다.

반면 그렇지 않은 사람은 자신을 잃고 방황할 수밖에 없다. 부에서 자신의 가치를 찾는 사람은 부가 사라지면 자신을 잃는다. 외적인 아름다움에 집중하는 사람은 나이 들어 빛나는 외모가 사라지면 존재의 의의를 잃는다. 그러나 자기 길을 찾은 사람은 어떤 환경에서도 자신만의 길을 통해서 나아갈 힘이 있다.

나이는 숫자 이상의
의미를 지닌다

공자께서 말씀하셨다. "나는 열다섯 살에 학문에 뜻을 세웠고, 서른 살에 자립하였으며, 마흔 살에는 미혹되지 않았고, 쉰 살에는 천명을 알게 되었으며, 예순 살에는 듣는 대로 이해가 되었고, 일흔 살에는 마음이 하고 싶은 대로 따라도 법도를 넘지 않았다." _〈위정〉 2.4

子曰 "吾十有五而志于學, 三十而立, 四十而不惑,
자왈   오 십 유 오 이 지 우 학   삼 십 이 립   사 십 이 불 혹

五十而知天命, 六十而耳順, 七十而從心所欲, 不踰矩."
오 십 이 지 천 명   육 십 이 이 순   칠 십 이 종 심 소 욕   불 유 구

《논어》를 읽지 않아도, '불혹'과 '지천명'이라는 말은 많이 들어봤을 것이다. 이 단어들은 공자의 인생을 반추하면서 나온 이야기다. 공자는 가정환경이 좋지 않아 어릴 적부터 생활전선에 뛰어들었다. 수많은 육체노동 끝에 결국 배움이 필요하다고 느꼈고, 마침내 열다섯 살에 학문에 뜻을 두었다. 많은 이들을 스승으로 삼아 공부하고 서른 살에 자립했다. 여기서 자립했다는 것은 자신만의 세계관을 세웠다는 의미다. 마흔 살에는 주위의 유혹에 흔들리지 않고 학문에 정진했으며, 쉰 살에 하늘의 뜻을 알았다. 예순 살에는 남의

말을 잘 받아들여서 듣는 대로 이해하고, 일흔 살이 되어서도 정도 正道의 길을 벗어나지 않았다.

나이에 따른 '격'을 갖춰야 하는 이유

나이는 숫자에 불과하다는 말을 종종 하지만 정말 그럴까? 사실 나이는 숫자 그 이상의 의미를 지닌다. 나무의 나이테가 늘어가듯 우리도 나이를 먹으며 삶의 경험이 늘어난다. 학창 시절을 거쳐 성인이 되면 직업 활동을 하고 결혼을 하거나 아이를 낳는 일도 생긴다. 그 과정에서 좋은 일, 나쁜 일, 기쁜 일, 슬픈 일 등 다양한 일을 겪고 다양한 감정을 느끼며 삶의 지평을 넓혀 나간다. 당연히 생각의 폭이 넓어지고 깊이도 달라지게 된다.

이처럼 세월과 함께 켜켜이 쌓인 연륜이란 단지 숫자의 변화로만 치부할 수 없다. 각각의 나이에 맞는 삶의 태도와 격이라는 게 있기 때문이다. 이것은 '○○다워야 한다'는 말과도 일맥상통한다. 어린아이는 어린아이다운 순수함이 있어야 하고, 청년은 청년다운 패기가 있어야 하며, 중년은 중년다운 성숙함, 노년은 노년다운 너그러움이 있어야 한다.

공자의 삶을 살펴보면 시기마다 조금 더 중점을 둔 것들이 있다. 인생이라는 여정을 통해 점점 성숙해지면서 중요한 맥락과 고비마다 더욱 신경 써야 할 것들이 따로 있음을 발견하게 된다. 그럼 공자의 삶을 우리 삶에 대입해보고, 각 시기마다 무엇에 중점을 두고 어떤 태도로 살아가야 할지를 살펴보자.

지학, 진정한 배움에도 때가 있다

배움에 뜻을 세웠다는 지학志學부터 살펴보자. 공자는 열다섯 살에 배움에 뜻을 두고 학문에 열중했다. 그래서 스무 살부터 하급 관리로 커리어를 시작할 수 있었다. 만약 그가 배움에 뜻을 두지 않고 여전히 생계유지에만 급급했다면 그의 위대한 사상은 후대에 전해지지 않았을 것이다.

'공부에도 때가 있다'는 말처럼 공부하기 적절한 시기가 있다. 아무래도 본격적인 경제 활동을 시작하기 전인 10대, 20대 시절이 배움에 정진하기 가장 좋은 시기다. 이 시기는 막연한 미래를 앞두고 방황을 많이 하는 시기이므로, 배움이 더욱 절실하다. 여기서 배움이란 단순한 지식의 습득 그 이상을 의미한다. 지적인 성장뿐 아니라 의식의 성장도 함께 이루도록 돕는 공부를 말한다.

요즘에는 입시나 취직을 위한 공부에만 초점이 맞춰져 있어 이런 면에서는 진정한 배움의 의미가 퇴색되고 있다. 대학을 가든 안 가든 공부와 배움은 언제나 필요하다. 배움에는 끝이 없으며, 우리는 죽을 때까지 배워야 한다. 사회생활을 하면서도 마찬가지다. 자신의 전공 분야, 혹은 자신이 하는 일과 관련 있는 분야라면 학교를 다니든 안 다니든 꾸준히 공부하는 태도가 필요하다. 이는 사회생활을 하는 과정에서 업무 역량의 차이로 나타나기도 한다.

배움이 적으면 시야가 좁아지고, 그러면 우물 안의 개구리처럼 자기 세상 외에는 알지 못한다. 요즘처럼 변화가 급속히 일어나고 글로벌한 세상에서는 자기 틀을 깨는 용기가 필요하다. 나아가 더 넓은 세상을 이해하고 수용해야 할 필요가 있다. 공자처럼 많은 경험을 하고 배우는 태도가 중요한 이유다. 이때 배움의 범위는 교과서나 학교에서 배우는 것보다 훨씬 넓고 깊다.

우리나라의 경우 10대가 끝남과 동시에 대학 입시라는 관문이 놓여 있다. 남들이 부러워하는 좋은 대학에 갈 수도 있고, 그러지 않을 수도 있다. 대학 입시의 등락이나 어떤 대학에 다니느냐로 인생이 결정된다고 생각하지 말아야 한다. 좋은 대학보다 중요한 것은 자신의 적성에 맞는 전공과 직업을 찾는 것이다. 또한 대학을 가지 못한다 해도 자신이 하고자 하는 일이 무엇인지 안다면, 그 일을 위해 필요한 공부를 찾아서 해야 한다. 중요한 것은 어느 대학을 가느냐가 아니라, 어떤 공부를 어떻게 하느냐. 이것이 바로 지학, 배움에 뜻을 둔다는 것의 의미다.

이립, 나만의 가치관과 세계관을 세워라

서른 살은 이립而立, 즉 자립한다는 의미다. 이는 경제적인 측면보다는 정신적인 자립을 의미한다. 자신만의 가치관, 세계관을 세우는 것이다.

30대는 본격적으로 일을 하는 시기다. 직장생활, 사업, 장사, 프리랜서 등 일하는 형태는 다양하며 여기에 가정일도 더해진다. 10대, 20대 시절의 방황은 끝났다고 하지만 새로운 도전이 기다린다. 내가 만나는 세상은 훨씬 넓어졌고 수많은 선택과 판단을 해야 할 상황에 직면한다. 때문에 이 시기에는 내가 믿는 가치, 내 마음의 중심이 어느 정도 형성되어 있어야 한다. 자기 가치관이 명확한 사람이라면 아무리 놀기를 좋아한다고 해도 다음 날 일에 영향을 줄 정도로 하지는 않을 것이다. 이 시기에는 무엇이 중요하고 무엇이 덜 중요한지, 우선 순위에 대한 분별력이 생긴다. 행동과 생각에 책임을 져야 할 나이이기 때문이다.

내가 믿는 가치는 여러 가지다. 이는 부, 명예, 지위, 가정, 행복, 공부 등 다양한 영역에서 다양한 관점으로 형성된다. 그리고 자신이 옳다고 생각하는 가치를 지키기 위해서 노력하는 나이다. 문제는 나만의 가치관을 형성하지 못하고 여전히 주위의 의견에 의지하거나 무분별하게 휩쓸리는 경우다. 자신의 중심 없이 남들이 하는 대로 따라 하다 보면 자기 삶이 없어진다.

인생에서 내가 진정으로 중요시하는 것이 무엇인지에 대해서 집중해보자. 남들이 요구하거나 원하는 삶이 아니라, 내가 원하는 삶에 대해 고민하고 답을 찾고자 노력하는 것이 바로 서른, 이립의 시기다.

불혹, 흔들림 속에서도 나의 길을 잃지 않는다

마흔 살은 불혹不惑이다. 제일 무섭고 중요한 시기다. 사회생활을 하면서 받은 스트레스가 지속적으로 누적되는 시기인데, 회사에서도 리더 자리에 오르며 책임져야 할 부분이 늘어난다. 상사뿐만 아니라 부하직원의 실적 및 근태도 관리해야 한다.

직장생활을 20여 년 가까이 한 시기이므로 소위 사회에서 말하는 성공과 실패의 갈림길에 서게 된다. 같이 사회생활을 시작한 동기와도 비교되고, 차이가 점차 벌어짐을 느낀다. 한창 성장기에 있는 아이들을 키워야 하는 시기라 가정에서도 책임져야 할 것이 많다. 점차 스트레스가 늘어난다. 술을 마시거나 담배를 피는 일도 많고, 운동도 게을리하게 되며 신체 능력도 20대, 30대 시절보다 떨어진다. 당연히 건강이 예전 같지 않다.

이러한 상황에서 마흔을 그대로 넘기면 길을 잃기 십상이다. 당면한 문제를 해결하는 데 급급해 어디로 향하는지도 모른 채 하루

하루 살다 보면 문득 길을 잃은 것과 같은 두려움에 빠진다. 내가 가는 길이 맞는 것인지, 혹여 잘못된 길을 가고 있는 것은 아닌지, 왜 이 길을 가는 것인지 후회와 불안함이 몰려온다. 공자가 미혹迷惑을 하필 40대에 언급한 것은 그만큼 유혹이 커지는 시기라는 의미이기도 하다.

미혹이란 무엇에 홀려서 정신을 차리지 못하는 것을 뜻하는 말이다. 마음이 힘들고 정신적으로 약해져 있으면 미혹되기 쉬운데, 이 고비를 잘 넘기려면 스스로 노력해야 한다. 마흔 살은 고비지만 반면 기회가 될 수 있다. 아무리 사회생활 초창기에 잘나갔다고 하더라도 마흔 살에 접어들어서 잘못된 길로 발을 내디디면 모든 것이 사상누각이 된다. 따라서 40대가 되면 앞만 보고 가던 발길을 잠시 멈춰 서서 자신을 돌아볼 필요가 있다.

이처럼 40대는 나 자신을 점검하고 좀 더 단단하게 만드는 시기다. 결국 자신의 사명감을 아는 지천명의 단계로 나아가기 위한 준비 단계라 할 수 있다.

지천명, 제2의 인생을 위한 변곡점

쉰 살은 지천명知天命이다. 말 그대로 하늘의 뜻을 아는 나이다. 이미 인생의 절반을 넘었고, 수많은 우여곡절을 겪고 살아온 나이다.

역경을 뚫고 버텨내어 살아남았다는 것만 해도 대단한 것이다. 그렇지만 이때는 인생의 의미를 좀 더 깊게 생각하게 된다. 새로운 인생의 변곡점이 기다리고 있기 때문이다. 다른 일을 시작하거나 제2의 인생을 준비하게 된다. 이때 나의 운명에 대해서 잘 생각해봐야 한다. 남은 인생을 어떻게 보낼지 또한 '어른'으로서 이 사회에 어떤 기여를 할 수 있을지도 고민할 부분이다.

이순, 많이 듣고 적게 말해야 할 시기

예순 살은 이순耳順이다. 직역하면 귀가 순해진다는 말인데, 남의 말을 잘 받아들여서 듣고 이해한다는 의미다. 공자는 나이가 들어서도 여전히 많은 이들에게 비난을 들었지만 이에 대해서 항의하거나 같이 싸우지 않았다. 다른 사람들의 의견과 비판도 받아들이고 참고했다. 한마디로 귀를 막지 않고 열어둔 것이다.

나이가 들면 마음이 너그러워지고 수용력이 커질 것 같지만 막상 그렇지 않은 게 현실이다. 주변을 돌아보면 자신의 경험이나 자신이 아는 것이 전부인 양 아집에 빠져 남의 의견을 잘 받아들이지 않는 이들이 꽤 많다. 나이 들어서 자신의 의견만 고집하고, 나이 어린 사람을 무시하거나 가르치려 드는 것은 옹졸한 태도다. 물론 자신의 인생을 토대로 도움이 되는 조언을 해줄 수는 있지만 그것은 이순이 되고 난 후의 일이다. 우선 경청하고 공감한 후에 조언이 이어지는 게 좋다. 우스갯소리로 "나이가 들면 지갑은 열고 입은 다 물라."는 말이 있다. 그만큼 많이 듣고 적게 말하라는 뜻이다.

고희, 삶의 품격으로 말하라

칠순은 마음이 하고 싶은 대로 따라도 법도를 넘지 않는 경지에 이르는 나이라 해서 고희古稀라 부른다. 이미 지학, 이립, 불혹, 지천명, 이순의 경지에 이르렀다면 몸과 마음이 세상의 법도에 어긋나지 않을 것이다. 지난 시간 동안 꾸준히 자신을 성찰하고 남을 배려하며 세상의 이치와 순리에 따라 살아왔을 테니 말이다. 칠순이 되어서도 공부를 게을리하지 않고, 나의 가치관과 신념을 지키며 유혹에 시달리지 않고, 나의 운명이 무엇인지 알고, 나이에 상관없이 다양한 의견을 청취한다면 그는 이미 군자의 경지에 이른 것이다.

공자는 일흔 살을 넘긴 후 세상을 떠났다. 평생을 학문에 정진하고 자신이 믿는 가치관, 세계관에 맞춰서 살았다. 자신만의 길을 따른 것이다.

지금의 우리는 어떤가? 공자와 같은 '성인'聖人이 되는 것은 쉬운 일이 아니다. 하지만 그렇게 되기 위한 노력은 누구나 할 수 있다. 우리는 사람이기에 실수할 수 있고 유혹에 흔들릴 수 있다. 먼저 이

점을 인정하고 받아들여야 한다. 우리 각자가 소중한 것은 완전무결해서가 아니라 그렇지 못함을 알고 나아지려 노력하기 때문이다.

오늘보다는 내일, 내일보다는 모레, 조금 더 나은 사람이 되기 위해 노력하는 삶. 나이 들어가면서 자신을 사랑하는 만큼 타인도 사랑할 줄 아는 삶. 그것이 나이에 따른 격을 완성해가는 삶이다.

그릇의 한계를 깨면
나는 무한히 확장된다

공자께서 말씀하셨다. "군자는 그릇에 갇혀서는 안 된다."

_〈위정〉 2.12

子曰 "君子不器."
자 왈 군자불기

《논어》에서 그릇에 대한 이야기는 〈공야장〉(5.3)에 한 번 더 나온다. 공자의 수제자 자공은 자신의 수준이 어느 정도 되는지 스승의 평가를 받고 싶었다. 역시 솔직하고 대담한 제자였다. 공자는 "너는 그릇이다."라고 했고, 자공은 "어떤 그릇입니까?"라고 여쭈었다. 제자의 끈질긴 질문에 두 손 두 발 다 든 공자는 이렇게 말했다. "호련이다."

여기에서 호련은 종묘 제사 때 음식을 담는 귀중한 그릇을 뜻하는 말로, 이는 자공을 칭찬하는 것이었다. 자공은 만족했지만 사실

이것은 완벽한 인정은 아니었다. 〈위정〉 편에서 공자가 말한 진정한 군자의 덕목은 '그릇에 갇히지 않는 것'이다. 즉 그릇의 한계를 뛰어넘어야 한다.

진정 강한 사람은 유연하게 다름을 포용한다

사람은 각자의 그릇을 갖고 있다. 어떤 사람의 그릇은 고작 소주 한 잔 정도의 크기이고, 또 어떤 사람은 큰 사발이다. 그릇이 크다는 것은 다양한 의견을 받아들이고 상대방의 잘못을 용서할 줄 아는 포용력과 유연함이 있음을 의미한다.

성공한 사람은 대체로 포용력이 남다르다. 귀가 얇아 남의 말에 잘 넘어간다는 의미가 아니다. 다른 이들의 의견을 경청하고, 나와 다른 생각이어도 같이 토론하며 품을 줄 아는 여유가 있다는 뜻이다. 이는 나와 남이 다를 수 있다는 것을 인정하는 태도를 바탕으로 한다. 자기만 옳다고 주장하지 않고 다양한 의견을 받아들이니 생각의 지평이 넓어진다. 자기만의 틀을 깨니 창조성과 파격이 생겨난다. 당연히 성공의 기회도 많이 찾아올 수밖에 없다.

스타벅스의 CEO 하워드 슐츠가 대표적인 예다. 그는 스타벅스 매장을 직접 방문해 현장에서 일하는 직원의 목소리를 듣곤 했다. 본인도 가난한 노동자의 아들로 자라며 힘든 어린 시절을 보냈기 때문에 누구보다 이들의 애로사항에 공감했다. 그리고 이를 경영이념에 반영했다. 회사 내 인종차별, 사회적 차별 문제를 없애기 위해서 노력한 것이 대표적인 예다. 스타벅스는 광고비보다 직원들의 교육비에 더 많은 돈을 지출했고, 그들을 파트너로 존중하며 성장을 도왔다.

하버드 경영대학원 교수인 빌 조지Bill George가 쓴《최고는 무엇이 다른가》에 나오는 다음의 문구도 하워드 슐츠의 '다름에 대한 인정과 포용'의 의미를 다시 생각하게 한다.

"출신이 어디든 피부색이 무엇이든 교육 수준이 어떻든 누구나 존중받으며 동일한 기준에서 평가받는 회사를 만들고 싶었습니다."

이처럼 나와 다른 것에 대해 호의를 갖고 포용하는 것은 말처럼 쉽지 않다. 그릇의 크기를 뛰어넘는 일이기 때문이다. 사람들은 내가 알고 있고(지식), 갖고 있는 것(부와 명예)에 자긍심을 느낀다. 여기에 겪은 것(경험)이 더해지면 자기 것이 고착화된다. "내 생각은 달라." 혹은 "내 경험으로 미루어보건대 절대 그렇지 않아."라며 자기 생각에서 벗어나려 하지 않는다. 결국 남이 나와 다름을 인정하지 않고 나와 같아지기를 바란다.

중국의 철학자 노자가 "최상의 선善은 물이다."라고 말하며 '물'을 강조한 것은 바로 이러한 이유 때문이다. 물은 흘러야 한다. 물이 흐르지 않고 고이면 썩게 마련이다. 그렇게 되지 않으려면 그릇이 커야 한다. 그릇이 작으면 물은 금방 고이게 된다. 생각이나 의견도 마찬가지다. 자유롭게 흘러서 강에 이르고 결국 바다를 만나게 된다.

그릇의 한계를 넘어설 때
비로소 깨달음과 통찰이 찾아온다

돈을 잘 쓰고 호탕하게 보인다고 그릇이 큰 것은 아니다. 그것은 단지 겉으로 드러난 모습일 뿐이다. 자신의 일을 묵묵히 하면서 넓은 아량과 포용력을 보이는 사람이 진정으로 그릇이 큰 사람이다. 어느 순간 옹졸한 자신의 마음에 갇혀 사람들과의 갈등이 커지고, 작은 자극에도 쉬이 상처받을 때가 있다. 그렇게 삶이 흔들리고 매사 불만족스러울 때 자기 그릇을 점검할 필요가 있다. 내가 혹시 편협한 나만의 세계에 갇혀 있는 것은 아닌가? 내가 혹시 너무 안일함에 빠져 있는 것은 아닌가?

마음의 그릇을 넓히는 것은 남을 위해서가 아니라 '나 자신을 위한 것'이다. 좁은 생각에서 벗어나면 이해의 폭이 넓어지고 사소한 일로 갈등하거나 상처받지 않는다. 그러니 진정한 행복은 '포용'에서 나온다고 해도 과언이 아니다. 남을 이해하고 돕는 행위를 할 때 우리의 행복감은 그 어느 때보다 크다. 이는 수많은 과학적인 연구 결과를 통해서 입증되었다. 1988년 하버드 의대에서 실행한 실험

64

에서 마더 테레사 수녀의 활동 영상을 본 후 참가자들의 면역 항체 수치가 높아지고 스트레스 지수가 줄어든 것으로 나타났다. 이를 '마더 테레사 효과'라고 한다. 또한 국내 보건복지부에서 주관한 '나눔실태 2015' 조사에 따르면 자원봉사자들의 삶의 만족도는 봉사 활동을 하지 않은 사람보다 16.2퍼센트 높았다.

당장 나의 것만 챙기는 사람은 좁은 그릇에 갇혀 살게 된다. 상대방을 의심하고 미워하게 되며 결국 그 감정이 나를 불행하게 만든다. 과거의 굴레에서 벗어나지 못하는 경우도 마찬가지다. 지나간 일에 집착하다 보면 늘 상처받은 기억이 도드라져 억울한 마음이 든다. 타인에 대한 원망이 자신에 대한 한탄으로 돌아온다. 과거의 기억이 현재의 삶까지 갉아먹는다. 그러니 미운 감정에서도 과거의 기억에서도 벗어날 필요가 있다.

미국의 소설가 존 바스John Barth는 "과거는 우리의 운명이 아니다. 그것은 단지 이야기일 뿐이다."라고 말했다. 우리의 운명은 물처럼 흐르고 어디로 향할지 정해져 있지 않다. 우리의 그릇도 마찬가지다. 생각의 틀을 바꾸려 노력하면 내 그릇의 크기도 바뀐다. 더 넓어지고 깊어진다.

그릇의 크기에는 한계가 없다. 이해하고, 포용하고, 용서하고, 베푸는 마음을 갖는다면 세상을 보는 눈이 달라진다. 조그만 구멍을 통해서 바라본 하늘은 조그맣게 보일 수밖에 없다. 나 자신이 작음을 인정하고 배움의 자세를 잊어서는 안 된다.

나이가 많고, 지위가 높고, 돈이 많다고 그릇이 커지는 것이 아니다. 어린 나이에도 큰 그릇의 사람이 있고, 나이가 들었거나 명망 있는 사람 중에도 옹졸하고 작은 그릇인 경우도 많다. 겉으로 보이는 것이 전부가 아니다.

"그릇이 아니다."(불기不器)라는 공자의 말처럼 궁극에는 내 그릇의 한계를 벗어나야 한다. 내 그릇의 크기를 알고 그것을 벗어나는 것을 바로 '깨달음', '통찰'이라 부른다.

내가 싫은 일은 남에게도 강요하지 말라

자공이 "하나의 말로써 평생 실행할 만한 것이 있습니까?" 하고 여쭙자, 공자께서 말씀하셨다. "그것은 서恕다. 자기가 하고 싶지 않은 바를 남에게 강요하지 말라."

_〈위령공〉 15.23

子貢問曰 "有一言而可以終身行之者乎."
자 공 문 왈　유 일 언 이 가 이 종 신 행 지 자 호

子曰 "其恕乎. 己所不欲 勿施於人."
자 왈　기 서 호　기 소 불 욕 물 시 어 인

서恕는 '용서容恕하다'라는 의미의 한자다. 용서란 무엇인가? 지은 죄나 잘못한 일을 꾸짖거나 벌하지 않고 덮어주는 것을 말한다. 즉 남의 처지를 이해하고 동정하는 공감의 마음에서 나오는 감정이다. 《논어》에서 서의 개념은 중요하다. 상대방의 처지를 나의 입장에서 생각하는 것으로 이는 인과 예의 기본이기 때문이다. 서를 풀어쓰면 '같을 여'如와 '마음 심'心이다. 남과 나의 마음이 같다는 의미다. 측은지심보다 더 근본적인 개념이다.

공자는 안연이 세상을 떠나고 나자 증자를 자신의 학통을 전수받

을 수제자로 생각했기 때문에 그에게 자신의 뜻을 전달했다. 어느 날 증자에게 이렇게 이야기했다. "나의 도는 하나의 근본 이치로 처음부터 끝까지 꿰뚫고 있다."(〈이인〉 4.15) 이것이 그 유명한 '일이 관지'의 경지다. 공자가 나가자 제자들이 우르르 증자에게 몰려가 도대체 무슨 말이냐고 물었다.

"스승님의 도는 충과 서일 뿐이구나." 증자는 다른 제자들에게 공자의 가르침을 들려주었다. 충과 서는 인을 구체적으로 실현하는 방법으로, 진심을 다하고 상대방을 이해하고 배려하라는 의미를 담고 있다. 결국 이를 행동으로 보여주는 것이 예다. 평소 인의 개념을 정확히 이해하지 못하는 제자들을 위해서 공자가 늘 강조했던 개념이다.

내가 하기 싫다면 다른 사람도 하기 싫다

자공이 공자에게 '딱 한 가지' 실천해야 할 것을 질문했을 때, 공자는 서라고 대답했다. 〈공야장〉(5.11)을 보면, 공자는 자공에게 "너는 '기소불욕 물시어인'(자기가 하고 싶지 않은 바를 남에게 강요하지 않는 것)의 경지에 이르기 힘들다."라고 했다. 그러면서 자공에게 평생 가져가야 할 가르침으로 '서'의 화두를 던졌다. 그만큼 제자가 평생 상대방에 대한 배려를 잊지 않고 실천하기를 바랐던 것이다.

우리는 어떤가? 내가 하고 싶지 않은 일을 남에게 강요하는 일은 흔하다. 가정에서도 집안일을 한 사람에게만 전담시키거나, 주말에 여유가 생겨도 도와줄 생각을 하지 않을 때가 많다. 귀찮고 힘든 일이란 걸 알면서도 나는 안 하고 싶은 것이다.

직장에서도 마찬가지다. 내가 상사로부터 듣기 싫은 말을 아랫사람에게 똑같이 하거나 하기 싫은 일을 동료나 후배에게 당연하다는 듯이 시키는 이들이 있다. 유독 쓰기 싫은 보고서나 분석을 다른 사람에게 맡기는 경우는 흔하다. 혹여 시간이 없어서 부탁하는 경우나 후배의 역량을 키우는 것이 목적이라 하더라도 같이 참여해서 함께 고민해야 한다. 나만 편한 일을 하고 입으로만 지시를 한다면 그 조직의 사기는 떨어지고 선후배 관계는 종속적 관계로 고착화된다.

리더가 될수록 '기소불욕 물시어인'의 정신은 중요한 자질이다. 한 사람이 힘든 일을 도맡아서 하면 다른 사람들은 편하지만, 그 사람의 업무 능률은 떨어지고 회사 생활도 불행하게 된다. 그걸 뻔히 알면서도 모르는 척한다면 리더로서의 자질이 없는 것이다.

집안에서도 마찬가지다. 부모는 TV 앞을 떠나지 않으면서 아이들에게만 공부하라고 말하는 것은 무책임하다. 아이들이 공부하도록 만들려면 부모가 솔선수범해서 공부하는 태도를 보여야 한다. 나는 하기 싫지만 아이는 당연히 해야 한다는 마음부터 버릴 필요가 있다.

내로남불 세상일수록 서의 정신을 새겨라

우리는 하기 싫은 일은 자꾸 미루는 경향이 있고, 지위가 올라갈수록 그것을 다른 사람에게 시킨다. 이는 인간의 본능이다. 하기 싫은 일에 몸과 마음이 거부 반응을 보이는 것이다. 인간의 뇌에 있는 편도체인 '아미그달라'amygdala는 감정을 담당한다. 뇌의 이 부분은 자연스럽게 공포와 두려움을 피하게 한다. 이러한 본능 덕분에 인류는 위험에서 자신을 보호하고 생존할 수 있었다. 그런데 만약 모든 사람들이 이렇게 본능에만 충실하다면 이 사회는 어떻게 될까? 힘들고 까다롭고 책임져야 할 일은 모른 척 내버려둔다면?

자신이 편한 일만 하고 힘든 일은 모두 타인에게 떠넘기거나 회피할 것이다. 당연히 가정, 회사, 사회, 국가가 제대로 돌아갈 리 없다. 여기저기서 갈등이 일어날 게 뻔하다. 그렇기 때문에 누군가는 이성으로 이를 제어해야 한다. 하고 싶지 않더라도 때론 나서서 솔선수범을 해야 할 상황도 있다. 이것이 공자가 강조한 인의 정신이고, 상대방의 입장을 이해하는 서의 정신이다. 무슨 일이든 이익을 취하기 전에 한번쯤 역지사지의 정신으로 생각하고, 다른 사람의 처지를 떠올려볼 일이다. 내가 상대에게 굽실거리고 싶지 않으면 상대도 내게 머리를 조아리길 바라지 말아야 한다. 지금 우리 사회는 내로남불의 태도로 점철되어 있다. 2,500여 년 전 예를 중시했던 공자의 가르침을 다시 한번 되새겨보아야 할 때다.

진심과 정성을 다하면
누구라도 군자가 된다

자하子夏가 말했다. "많은 공인工人들은 작업장에서 자신이 하는 일을 이루고, 군자는 배움을 통하여 도에 이른다." _〈자장〉子張 19.7

子夏曰 "百工居肆 以成其事 君子學 以致其道."
자 하 왈　　 백 공 거 사　 이 성 기 사　 군 자 학　 이 치 기 도

누구나 군자가 될 수 있다. 선택받은 특별한 사람만이 군자가 되는 것이 아니다. 그렇다면 군자란 무엇인가? 덕과 학식이 높은 사람을 군자라고 일컫는다. 군자는 덕을 쌓고 인을 실현한다. '인'은 결국 '사랑'이다. 그러니 사랑을 베풀고 나와 남을 위하는 사람은 누구라도 군자라 할 수 있다. 학식의 의미는 배워서 얻은 지식이고, 학문과 식견을 모두 통틀어서 일컫는 말이다. 학식과 학벌은 상관이 없으며, 삶의 경험을 통해서 배운 모든 것이 학식이다.

청소부는 어떻게 성자가 되었을까?

《성자가 된 청소부》라는 책에서 저자 바바 하리 다스Baba Hari Das는 "완전한 자유를 얻으려면 욕망에서 벗어나야 한다. 나는 이제 평화의 바다에서 마음을 쉬리라."라며 자신의 깨달음을 전달했다. 이 청소부는 어떻게 성자가 되었을까?

이 책에는 청소부, 감자 농사꾼 등 다양한 직업을 가진 사람들이 각자 자신만의 깨달음을 얻는 과정이 잘 서술되어 있다. 주인공 자반은 천민 출신으로 청소부라는 계급을 대대로 물려받았다. 그는 부지런히 일해서 번 돈으로 장가를 가지만 친구의 유혹에 빠져서 마약 담배를 피우고, 마약 담배를 구하기 위해 도둑질을 한다. 결국 죄책감을 이기지 못한 그는 가난한 사람들을 위해 봉사하는 것으로 속죄하려 하고, 나중에는 깨달음을 얻어서 성자가 된다.

특별한 사람만이 군자가 되는 것은 아니다. 책을 많이 읽었다고 군자가 되거나 학벌이 좋다고 군자가 되는 것도 아니다. 단 한 권의 책을 읽더라도 거기서 얻은 깨달음을 실천하고 사랑의 마음을 베풀 수 있다면 누구라도 군자가 될 수 있다.

공자의 제자 자하는 "많은 공인은 작업장에서 자신의 일을 이루고, 군자는 배움을 통해서 도에 이른다."라고 했다. 당시에는 신분제가 존재했기 때문에 맡은 일이 정해져 있었다. 공인은 물건을 만들고, 상인은 물건을 팔고, 선비는 공부를 통해서 출세하거나 자신의 도를 닦았다. 하지만 지금은 신분과 직업의 경계가 퇴색했으며 원한다면 무엇이든 할 수 있고 무엇이든 될 수 있는 세상이다. 따라서 자하가 이야기한 '작업장에서 자신의 일을 이룬다'는 것은 나만의 분야에서 최고의 경지에 이른다는 이야기로 해석될 수 있다.

우리는 지금 어떤가? 내가 하고 있는 일에 만족하고 최선을 다하고 있는가? 아니면 지금 하는 일이 적성에 맞지 않아 다른 일을 하고 싶은가? 혹은 내가 하는 일이 부끄럽고 창피한가? 지금 어떤 일을 하고 있든 중요한 것은 그 일에 성심을 다하고, 자신뿐 아니라 다른 이들에게도 도움이 되고 있느냐다.

작은 일도 정성을 다하면 경지에 오른다

자하는 "널리 배우고 뜻을 분명하게 하며, 절실한 것을 질문하고 가까이 있는 것부터 살피고 생각한다면 인은 곧 그 가운데에 있다."(〈자장〉 19.6)라고 이야기했다. 즉 내가 하는 일에 능숙해질 수 있도록 배우고, 스스로 질문을 해야 한다는 뜻이다. 그 일을 하면서 부딪히는 문제를 해결하기 위해서 끊임없이 생각한다면 자연스럽게 발전할 수밖에 없다. 그것이 바로 앞서 언급한 청소부 자반이 성인의 경지에 이르게 된 방법이다.

예를 들어 커피숍에서 바리스타로 일한다고 해보자. 배운 대로 매뉴얼에 따라서 커피를 만든다. 처음에는 익숙하지 않아서 많은 시행착오를 겪겠지만 어느 순간부터는 눈을 감고도 커피를 만들 수 있는 경지에 이르게 된다. 하지만 거기에서 멈추면 안 된다. 좀 더 효율적으로 또는 더 맛있게 커피를 만드는 방법이 있는지 생각하는 것이다. 문제가 무엇인지, 더 발전할 수 있는 방법은 무엇인지 화두를 놓치지 말아야 한다. 이렇게 자기 일을 고민하고 열정을 다하는 사람은 행동부터 다를 수밖에 없다.

'생계를 위해 일한다'는 소극적인 자세에서 '나는 최고의 커피를 만든다'는 적극적인 자세로 바뀐다면 당연히 내가 만든 커피는 다를 수밖에 없다. 커피 맛이 좋은 것은 물론이거니와 손님들을 대하는 태도도 달라진다. 나아가 우수 직원이 되거나 창업의 기회가 열릴 수도 있다.

물론 제일 중요한 것은 고객에 대한 사랑이다. 내가 내린 커피 한 잔이 고객에게 줄 기쁨을 잊지 않는 것. 커피 한잔을 내릴 때도 단순한 일로 여기는 것이 아니라 만드는 사람의 정성을 담는 것이다. 커피를 만들면서 도를 터득한다는 것이 결코 과장된 이야기가 아니다. 바리스타도 성인이 되고 군자가 될 수 있다. 맛있는 커피를 만들어서 고객에게 감동을 준다면 결국 그 행복은 나에게로 돌아온다. 이러한 과정은 선순환되어 더 많은 사람에게 행복이 전파된다.

만약 커피를 만드는 일이 너무 싫지만, 생계를 위해 마지못해서 한다면 그 일은 재미없고 심지어 고통스러울 것이다. 당연히 커피에도 그러한 마음이 들어가고, 맛있고 정성스러운 커피가 만들어지지 않는다. 고객도 나도 행복하지 않은 결과를 가져온다.

《논어》에서 '군자'라는 말은 무려 107번이나 등장한다. 그만큼 공자는 군자의 중요성을 강조했다. 군자는 당시 '지위가 높은 남자'라는 용어였지만 공자는 이를 덕으로 전환시켰다. 따라서 군자는 자신의 인격을 완성시키기 위해서 끊임없이 노력하는 사람이기도 하다. 자신의 일에 성심을 다하고 경지에 이르고자 하는 사람, 거기에 남을 사랑하는 마음을 담는 사람. 그러한 경지에 이른 사람이라면 누구라도 군자라 할 수 있다.

{ 마음을 다스리는 논어 한 줄 }

"도에 뜻을 둔 선비가 낡은 옷과 맛없는 음식을 부끄러워한다면 그와 도에 대해 논할 가치가 없다." 〈이인〉 4.9

한글 필사 : _____

_____

_____

나의 생각 : _____

_____

_____

"나는 열다섯 살에 학문에 뜻을 세웠고, 서른 살에 자립하였으며, 마흔 살에는 미혹되지 않았고, 쉰 살에는 천명을 알게 되었으며, 예순 살에는 듣는 대로 이해가 되었고, 일흔 살에는 마음이 하고 싶은 대로 따라도 법도를 넘지 않았다." 〈위정〉 2.4

한글 필사 : _____

_____

_____

나의 생각 : _____

_____

_____

"군자는 그릇에 갇혀서는 안 된다." 〈위정〉 2.12

한글 필사 :

_____

_____

_____

나의 생각 :

_____

_____

_____

_____

자공이 "하나의 말로써 평생 실행할 만한 것이 있습니까?" 하고 여쭙자, 공자께서 말씀하셨다. "그것은 서다. 자기가 하고 싶지 않은 바를 남에게 강요하지 말라." 〈위령공〉 15.23

한글 필사 :

_____

_____

_____

나의 생각 :

_____

_____

_____

_____

제2장

배움

學習

파도를 읽으려면
바다를 알아야 한다

보고 듣고 느낄수록
깨달음이 쌓인다

공자께서 말씀하셨다. "제대로 알지 못하면서 함부로 행동하는 사람이 있는데, 나는 그렇게 한 적이 없다. 많이 듣고 그중에서 좋은 것을 선택하여 따르고, 많이 보고 익히는 것이야말로 아는 것에 버금가는 지혜다."

_〈술이〉述而 7.27

子曰 "蓋有不知而作之者 我無是也 多聞
자왈　개유부지이작지자　아무시야　다문

擇其善者而從之 多見而識之 知之次也."
택기선자이종지　다견이식지　지지차야

공자는 배움을 통해서 깨달음을 얻고 학문적인 성취를 이뤘다. '다문'多聞과 '다견'多見이라는 말에 주목해보자. 많이 듣고 본다는 뜻인 다문과 다견은 배움의 자세를 의미한다. 공손하게 가르침을 청한다는 것이다. 그것은 자신의 지식이 많고 적음을 떠나서 호기심을 갖고 늘 배움을 갈망하는 자세다.

증자도 자신의 '예전 벗'이 이를 실천했다면서 다음과 같이 말했다. "능력이 뛰어났지만 그보다 못한 사람에게 묻고, 많은 지식이 있으면서도 그보다 적은 사람에게 물었다."(〈태백〉泰伯 8.5)

일반적으로 자신이 아는 것이 많고 지식 수준이 높다고 생각하는 사람들은 자기보다 못하다고 여겨지는 사람에게 질문하지 않는다. 자신이 더 많이 안다는 자긍심이 있기 때문이다. 하지만 아무리 지식이 많은 사람이라 해도 세상 모든 것을 다 알 수는 없다. 잘 모르는 부분은 분명 있게 마련이다. 때문에 겸손한 마음가짐으로 잘 듣고, 보고 배우라는 것이다.

흥미롭게도 증자가 이야기한 예전 벗은 안연일 것으로 학자들은 추정한다. 처음에 안연은 스승인 공자에게서 공부를 못한다고 오해받았다. 과묵하고 잘 드러내지 않는 편이었기 때문이다. 하지만 그는 늘 귀를 쫑긋 세우고 좀 더 많은 가르침을 받아 이를 실천하려 했다. 한마디로 다문과 다견을 실천한 것이다. 안연의 태도에서도 엿볼 수 있듯이 진정한 배움은 결국 '경청'과 '겸손'의 마음에서 나옴을 알 수 있다.

스승도 제자에게 배울 것이 있다

또 한 가지 재미있는 일화가 있다. 공자가 제자에게 혼난 사연인데, 노나라의 무성이라는 작은 읍의 현령으로 있던 자유子遊를 만났을 때의 일이다. 그는 백성들이 현악기 소리에 맞춰 부르는 노랫소리를 듣고 이렇게 이야기했다. "닭을 잡는 데 어찌 소 잡는 칼을 쓰느냐?" 이 말은 뛰어난 능력의 제자가 작은 읍에서도 성실하게 일하는 것이 보기 좋다는 칭찬이었다.

하지만 자유는 정색하며 이렇게 대답했다. "예전에 저는 스승님께서 '군자가 도를 배우면 남을 사랑하고, 소인이 도(예악)를 배우면 부리기 쉽다'고 하신 말씀을 들었습니다." 즉 자유는 공자의 가르침에 따라 백성들을 예악으로 계몽시키고자 했던 것이다. 자유의 대답을 들은 공자는 "제자들아, 언(자유)의 말이 맞다. 아까 내가 한 말은 농담이었다."라고 말했다.

공자는 평소 백성을 예와 도로 교화시켜야 한다고 강조했지만 막상 작은 고을에 와서 일하는 제자를 보고는 가벼운 농담을 해버린 것이다. 한편으로는 자유의 능력을 높게 칭찬하고 싶은 마음에서 한 말이기도 했다. 자유가 하는 일을 폄훼하거나 가볍게 여겨서 한 말은 결코 아니었다.

하지만 그는 자유의 진지한 반박을 듣고 또 다른 깨달음을 얻는다. '도'라는 것은 결코 사소하지 않다는 것을 말이다. 공자는 이러한 배움의 자세로 제자들의 말을 흘려듣지 않았다. 겸허하게 받아들이고 반성했다.

배움의 자세는 언제나 누구에게나 필요하다. 비록 제자가 하는 말일지라도 거기서 배울 것이 있으면 진지하게 경청하고 받아들이는 공자처럼 말이다. 부모도 아이에게 배울 것이 있고, 스승도 제자에게 배울 것이 있다.

천재를 만드는 것도 노력이다

배우는 자세는 새로운 것을 창조하는 기반이 된다. 모차르트나 베토벤은 명곡을 만들기 위해서 수많은 음악을 보고 들었으며 꾸준한 습작을 하면서 노력했다. 많은 이들이 모차르트를 천재적 음악가로 알고 있어서 그가 짧은 시간 뚝딱 걸작을 만들어냈을 것이라 여기지만 그렇지 않다. 제대로 된 작품을 만들기 위해 모차르트는 무려 10년의 세월을 쏟았다고 한다. 이는 우리가 잘 알지 못했던 사실이다.

캐럴 드웩Carol Dweck의 저서 《마인드셋》에서는 모차르트에 대해 다음과 같이 말한다.

"우리가 추앙하는 작품들을 쓰기까지 모차르트는 10년 이상의 세월 동안 노력해야 했습니다. 그 이전까지 그의 작품들은 독창적이거나 흥미롭다고 할 수 없었고 오히려 다른 작곡가들의 작품에서 이것저것 짜깁기한 수준인 경우가 많았습니다."

그럼에도 사람들은 예술가들의 결과물을 노력보다는 천재적 재능에서 비롯된 것으로만 여긴다. 그것이 받아들이기 훨씬 편하기 때문이다. 그들을 천재로 분류함으로써 특별한 이들만의 특별한 업적으로 생각하는 것이다. 그러면 그들의 경지에 이르지 못한 것은 노력이 부족했던 것이 아니라 타고난 재능의 차이 때문이라는 변명 거리가 생긴다.

낡은 것을 버려야 새로운 것이 채워진다

공자가 이야기한 바가 바로 이와 같다. 영감은 저절로 그냥 나오는 것이 아니다. 수없이 보고 들으며 축적된 것이 있어야 한다. 그는 이것을 '차선의 지혜'라고 했다. 선대부터 내려온 수많은 지식을 보고 들으면서 기억하는 것이 차선이라는 의미다. 나의 지식을 축적한 후 해야 할 일은 바로 소화다. 먼저 나의 것으로 소화하고, 그다음 창조가 이루어진다.

세상은 끊임없이 변화하고 지식 역시 그대로 고여 있지 않다. 어제 배운 기술이 오늘이나 미래에도 계속 유용하리라는 보장은 없다. 따라서 많은 것을 알고 있다고 자만할 일이 아니다. 낡은 지식을 버리고 하루가 다르게 쏟아지는 새로운 지식들을 받아들여서 앎의 지평을 넓히는 자세가 필요하다.

기술 역시 마찬가지다. 어느 정도 수준에 오른 기술자라 하더라도 거기에 만족하여 안일하게 있다가는 금세 뒤처지고 만다. 열린 귀와 마음으로 새로운 것들을 보고 듣고 느끼고 익히면서 잘못된 것은 고치고 새로운 것은 흡수해야 한다. 공자가 말한 다문과 다견

은 이처럼 가장 기본적인 배움의 자세이며 매일 도전하는 이들이
실천해야 할 사항이다.

스스로에게 물어보자. 혹시 오래전 익힌 지식이나 기술을 가지고
여전히 자만하고 있지는 않은가? 새로운 것을 보고 듣고 익히는 것
을 멀리 한 채 자신이 아는 것이 전부인 양 작은 우물에만 머물고
있는 것은 아닌가?

사람을 바르게
이해한다는 것

공자께서 말씀하셨다. "그 사람이 하는 일을 보고, 그가 걸어온 길을 관찰하며, 그가 무엇에 만족하는지 살핀다면, 그 사람의 됨됨이를 어찌 숨기겠는가? 그 사람의 됨됨이를 어찌 숨기겠는가?" _〈위정〉 2.10

子曰 "視其所以, 觀其所由, 察其所安,
자 왈　시 기 소 이　관 기 소 유　찰 기 소 안

人焉廋哉? 人焉廋哉?"
인 언 수 재　　인 언 수 재

공자는 사람을 평가할 때 시視, 관觀 찰察을 중요시했다. 모두 잘 지켜보고 살핀다는 의미다. '시 → 관 → 찰' 순서로 옮겨가면서 그 깊이는 더해간다.

영어로 표현하면 '시'는 'See', '관'은 'Watch', '찰'은 'Understand'다. 이렇게 세 가지 방식으로 사람을 평가하는 것은 개개인의 일상적인 삶에서 뿐만 아니라 특히 사회생활을 할 때 꼭 필요한 덕목이다.

사람을 알아가는 3단계 : 보고 관찰하고 살펴라

앞서 말한 세 가지를 순서대로 살펴보자. 먼저 '시'는 그 사람이 현재 무엇을 하는지, 즉 능력과 업적을 지켜보는 것이다. 사회에서는 상급자가 기본적으로 갖춰야 할 항목이다. 고과를 평가할 때도 가장 많이 적용하는 기준이다. 겉으로 드러나는 업적이기 때문에 나름대로 객관성이 있다.

둘째 '관'도 '시'와 마찬가지로 바라보는 것이지만 좀 더 관심을 갖고 살펴보는 행위라는 점에서 다르다. 그 사람이 준수하는 원칙과 그 이유를 관찰해야 한다는 의미다. 레이 달리오는 《원칙》에서 "원칙은 인생에서 원하는 것을 얻도록 만들어주는 행동의 기초가 되는 근본적인 진리이다."라고 말했다. 원칙은 한 사람의 가치관을 바탕으로 하기에 그만큼 중요하다.

그런 이유로 단순히 업무와 능력을 가늠하는 것을 넘어서서 어떠한 삶의 원칙과 가치관을 갖고 있는지를 살펴봐야 한다. 거창하게 보이지만 단순하게 말하자면 우리가 믿는 옳고 그름에 대한 것이다. 어떤 사람은 자신의 이익을 우선시하고, 어떤 사람은 자신이 맡은 일에 충실하다. 어떤 원칙과 가치관을 갖고 있느냐가 이러한 차이를 만들기 때문에 유심히 살펴봐야 할 부분이다.

마지막 '찰'은 마음을 살피는 것이다. 상대방이 만족하는 것을 헤아린다는 것은 깊은 이해를 바탕으로 한다. 제일 중요하면서도 어려운 부분이다. 그러려면 우선 상대방에 대한 이해와 공감이 있어야 한다. 평소에도 그 사람의 이야기에 귀를 기울여 경청할 필요가 있다. 나의 업적과 공적만을 중요시 여기고, 구성원들을 단지 나의 야망을 달성하기 위한 수단이라고 생각하면 안 된다.

물론 '시'를 통해서 사람의 업적과 능력을 파악하고, 상대방을 잘 활용해 좋은 실적을 낼 수 있다. '울며 겨자 먹기'로 따라오는 사람들도 있을 테고, 야망을 품은 사람들도 있게 마련이다. 하지만 이해타산에 의해 움직이는 조직 문화는 건전하지 못할뿐더러 언제든지 와해될 위험이 있다.

사람의 마음을 얻으면 모든 것을 얻은 것이다

회사나 조직에서 제일 중요한 것은 바로 사람이다. 사람을 잃는다면 조직의 발전은 제한적일 수밖에 없다. 역사상 그 어떤 일에서든 가장 중요한 것은 좋은 사람을 얻는 것이었다. 일도 성과도 결국 사람에게서 나오고 사람을 위해 존재하기 때문이다.

이는 개인적인 관계에서도 마찬가지다. 돈이 목적이 되는 관계, 필요와 쓸모가 중심이 되는 관계에선 진심으로 사람의 마음을 얻기 어렵다. 조직에서든 개인적인 관계에서든 누군가를 제대로 이해하기 위해서는 관심과 공감이 기본이 돼야 한다. 관심이 없다면 그 사람의 원칙이나 가치관, 내면에 자리한 깊은 의중을 알기 어렵다.

급상승하며 내달리던 고성장의 시대가 저물고 이제 저성장의 시대로 접어들었다. 무라카미 하루키의 소설《상실의 시대》에서 말하는 '상실'이라는 말이 그 어느 때보다 와닿는 시절이다. 노력해도 예전만큼의 성과를 얻기가 어렵다. 그 와중에 5G와 같이 빠른 속도로 변하는 세상을 따라잡기 버겁다.

그러다 보니 남을 배려하는 일은 점점 힘들어지고, 관심을 갖고 이해하려는 노력은 더욱 하지 않게 된다. 시대의 흐름을 쫓아가며 각자도생하기도 벅차기 때문이다. 하지만 이럴 때일수록 주변 사람을 돌아보고, 이해하려 애써야 하는 것 아닐까? 우리는 혼자 살아갈 수 없는 존재고, 여전히 다른 이들과 함께 호흡하고 연대할 때 더욱 힘을 낼 수 있으니 말이다.

"24년간 일등 자리를 놓치지 않았던 비결이었습니다. 저의 가장 큰 자산은 '사람들'이었습니다." 이는 오프라 윈프리가 한 말로, 데이비드 루벤스타인David Rubenstein의 책 《타이탄의 지혜들》에 나온 문장이다.

오프라 윈프리의 가장 큰 자산은 공감이었지만, 그것이 약점이기도 했다. 그녀가 리포터로 활동할 당시 객관적으로 사건 취재를 해야 함에도 불구하고 그녀는 그러지 못했다. 상대방의 이야기에 너무 공감한 나머지 같이 눈물을 흘리거나 위로를 하고 돌아오기 일쑤였기 때문이다.

하지만 오프라 윈프리는 자신의 약점을 오히려 강점으로 승화했다. 자신의 공감력을 최대한 활용해 사람의 '마음'을 읽는 능력을 키웠고, 덕분에 독보적인 위치에 오를 수 있었다. 그녀는 사람을 대할 때 가식 없이 진심을 다했다. 상대가 어떤 말을 하든 그 말을 경청했고, 그의 상황과 마음에 공감하면서 이해하기 위해 노력했다. 공자가 말한 '시, 관, 찰'을 제대로 행한 대표적 예라 할 수 있다.

우리는 지금 어떠한가? 상대방을 바라볼 때 그의 마음을 들여다보고 이해하려 노력하는가? 아니면 단지 겉만 보고 있는가? 혹은 무관심으로 일관하는가?

세상은 정신없이 돌아가고 다들 하루하루 생계를 유지하기에 바쁜 상황이지만 그래도 한번쯤 주변을 돌아보면 어떨까. 가족, 친구, 이웃, 동료…. 피상적인 모습만 보고 무심히 지나치던 태도를 버리고, 그 사람의 마음을 헤아려보는 여유와 아량을 가져보자. 우리가 서로를 조금 더 이해하고 조금 더 배려한다면 세상은 분명 지금과 달라질 것이다. 가까이에 있는 사람들에게 보내는 따뜻한 시선과 관심은 결국 내게로 향하는 것이기도 하다.

마음을 열면
세상은 온통 스승의 바다

공자께서 말씀하셨다. "덕망이 높은 사람을 만나면 같아지기를 생각하고, 그렇지 못한 사람을 만나면 마음속으로 그와 같지 않은지 스스로 반성해야 한다." _〈이인〉 4.17

子曰 "見賢思齊焉, 見不賢而內自省也."
자 왈   견 현 사 제 언   견 불 현 이 내 자 성 야

공자가 학문을 시작할 때는 공자학당과 같은 학교가 없어 직접 주변에서 스승을 찾거나 독학을 했다. 몸으로 직접 부딪치면서 다양한 스승을 찾아가 공부를 했기 때문에 점차 '똥과 된장'을 구분하기 시작했다. 된장을 만나면 그를 본받으면 되고, 똥을 만나면 피하면 된다는 진리도 터득했다. 하지만 공자는 단지 피하기만 하지 않았다. 똥을 만나면 그를 거울로 삼아 본인에게는 어떤 잘못이 있는지 돌아보고 성찰했다.

인간관계의 운은 내가 만든다

우리가 살면서 본받을 만한 사람을 많이 만나면 좋겠지만 생각보다 그렇지 못한 사람을 만나는 일이 많다. 특히 어린 시절 우리의 인간관계는 제한적이고 수동적인 편이다. 집과 학교, 학원 등 한정된 곳을 쳇바퀴 돌 듯이 오가며 주어진 인간관계에 놓이기 때문이다. 가족은 선택의 여지없이 주어지는 관계이고, 학교나 학원에서 맺는 관계도 상당히 제한적이다.

그러다 보니 학창 시절 지식 외에 삶의 여러 측면에서 가르침을 주는 학교 선생님은 우리의 인생에 큰 영향을 미치는 존재가 된다. 좋은 스승을 만나 인생이 바뀐 사람들도 있고 반대의 사람들도 있다. 특히 예전에는 억압적인 교육 방식 때문에 권위주의를 앞세우는 선생님들이 많았다. 성적으로 아이들을 차등 대우하거나 작은 실수도 무조건 체벌로 해결하는 등 그런 선생님에게서 진리를 배우고 긍정적인 영향을 받기는 어려울 것이다.

영화 〈죽은 시인의 사회〉에 나오는 키팅 선생은 학생들의 창의력과 예술성을 존중하며 그것을 자유롭게 표현하도록 도왔다. 아이들의 마음을 이해하고, 그들과 같은 눈높이에서 보조를 맞추며 걸어나가고자 했다. 만약 실제 삶에서 키팅 선생 같은 사람을 만난다면 그야말로 복 받은 인생일 것이다.

'운칠기삼'이라는 말이 있다. 재주가 뛰어나고 열심히 노력해도 일의 70퍼센트는 운이 좌우한다는 의미다. 회사에서 업무 성과를 내거나 승진하는 일에 있어서도 업무 역량이나 성실성 외에 운이 70퍼센트는 작용한다고 농담처럼 이야기한다. 그런데 운이 작용한다고 해서 무조건 운명론적으로 받아들일 일은 아니다. 운이라는 것은 외부적으로 주어지는 측면도 있지만, 스스로 만들어내는 것도 있기 때문이다.

70퍼센트의 운이 주어져도 30퍼센트의 노력이 없다면 그 운은 제힘을 발휘하지 못한다. 운을 받을 준비가 되어 있어야 한다는 말이다. 업무를 게을리했거나 주변 평판이 좋지 않으면 운 좋게 찾아온 기회를 다른 사람에게 넘겨줘야 할 수도 있다.

뜬금없이 운칠기삼을 이야기하는 이유는 인간관계도 마찬가지기 때문이다. 앞서 언급했듯이 어린 시절에는 제한적인 틀 안에서 인간관계를 수동적으로 받아들일 수밖에 없다. 좋은 선생님이나 학우를 만나면 운이 좋은 것이지만 아닌 경우도 있다. 그 또한 나의 운명인 것이다. 그러니 포기하라는 말이 아니다. 어쩔 수 없는 측면이 있음을 인정하자는 것이다. 물론 주어진 관계 안에서 노력을 해야 함은 당연하다.

하지만 성인이 되어 직장생활을 하거나 사업을 하는 등 본격적으로 사회생활이 시작되면 달라진다. 직업이나 회사를 선택하는 것은 나의 결정이고, 어떤 사업을 하는지도 내가 결정한다. 어떤 사람을 만나서 관계를 맺느냐 하는 것도 순전히 나의 안목에 따른 선택으로 결정된다. 내가 주도적으로 관계를 선택하고, 유지해나갈 수 있다는 것이다. 좋은 사람을 잘 선별해서 만나는 것도 어찌 보면 능력이다.

나쁜 사람에게서도 배울 점이 있다

운 좋게 좋은 사람을 만나거나 탁월한 안목으로 좋은 사람들만 곁에 두면 좋지만 그렇지 않을 수도 있다. 세상에 완벽한 사람이란 없기에 모든 면에서 존경할 만한 사람을 만나기는 힘들다. 심지어 전 세계에서 존경받는다고 손꼽히는 사람들조차 알고 보면 결점 투성이다.

워커홀릭인 애플의 CEO 팀 쿡은 회의 때 직원들을 긴장하게 만드는 깐깐한 사람이다. 엑셀 파일을 화면에 띄워놓고 잘못된 숫자가 있는지 따져가며 회의를 할 정도다. 테슬라의 CEO 일론 머스크는 2018년 8월 테슬라의 상장폐지를 언급했다가 시장을 경악하게 만들었다. 결국 미국 증권 거래소에서 소송을 걸어 막대한 벌금을 내야 했다. 그는 지금도 트위터에 뜬금없는 이야기를 올려 구설수에 자주 오른다. 아마존의 창업자 제프 베이조스는 경쟁사들을 잔인할 정도로 짓밟으면서 성과를 창출하는 등 유명세와 악명을 동시에 떨친다.

이들에게는 문제점이나 단점도 많지만 그에 못지않게 배울 점도 많다. 팀 쿡은 조직 구성원들에게 일을 신성하게 받드는 경건한 정신을 가르쳤고, 일론 머스크는 불가능에 도전하는 의지와 리더십을 설파했다. 제프 베이조스는 고객 우선의 철학으로 고객 서비스 측면에서 문화를 진일보시켰다. 그들에게서 단점만 볼 수도 있지만 장점을 볼 수도 있다. 또한 그들의 단점을 통해서도 배울 것이 있다.

공자는 주변에서 늘 배울 거리를 찾았다. 나쁜 사람이나 옹졸한 사람을 만나도 그를 반면교사 삼아 자신을 돌아보았다. 그랬기에 다방면의 재주를 갖고 학문의 깊이를 더할 수 있었다.

어느 날 자공은 위나라 대부 공손조로부터 "공자의 학문은 어디서부터 온 것이오?"라는 질문을 받았다. 그는 이렇게 대답했다. "저희 스승께서는 세상 모든 것에서 배우셨으니, 어찌 일정하게 정해놓은 스승이 있겠습니까?"(〈자장〉 19.22)

공자에게는 모두가 스승이었다. 좋은 사람도, 나쁜 사람도, 나이 든 사람도, 어린 사람도…. 마음을 열고 배울 자세로 덤벼드니 세상 만물이 그에겐 스승이었다.

때론 사소한 행동이
운명을 바꾼다

자하가 거보의 읍재가 되어 정사를 여쭙자, 공자께서 말씀하셨다. "성급하게 하고자 하지 말고, 작은 이익을 보려 하지 말아야 한다. 성급하게 하고자 하면 달성하지 못하고, 작은 이익을 보려 하면 큰일을 이루지 못한다."

_〈자로〉 13.17

子夏爲莒父宰 問政. 子曰 "無欲速, 無見小利.
자 하 위 거 보 재 문 정 　 자 왈 　 무 욕 속 　 무 견 소 리

欲速, 則不達. 見小利, 則大事不成."
욕 속 　 즉 부 달 　 견 소 리 　 즉 대 사 불 성

'과유불급'이라는 고사성어는 자신감 넘치는 자장과 신중한 자하 때문에 생겼다. 공자는 "자장은 너무 지나치고 자하는 모자르다."라고 하면서 오히려 정도가 지나친 자장보다는 자하가 낫다고 했다. 이런 자하가 거보의 읍재가 되어 조언을 구하자, 공자는 마음의 여유를 갖고 작은 이익에 일희일비하지 말기를 충고했다.

공자가 지적한 바와 같이 사람들은 보통 눈앞의 작은 이익에 흔들린다. 미래가 불확실하기 때문에 내가 당장 취하거나 누릴 수 있는 것에 더 집착하는 것이다. 당장의 이해관계로 기쁨과 슬픔이 오

락가락한다. 어떤 물건을 샀는데 다른 곳에서 1,000원 더 싸게 팔면 손해를 본 느낌도 든다. 그러면서 섣부른 판단을 한 자신을 자책한다. 그것이 사람의 본성이다. 내일 어떤 일이 벌어질지 모르기 때문에 현재가 중요하다. 하지만 자칫 작은 이익에 목매다가 정작 큰 것을 놓칠 수 있다. 그러한 경우를 보통 '소탐대실'이라 한다.

작은 것을 욕심내다 큰 것을 잃다

먼저 우리 자신을 돌아보자. 성급하게 서두르다가 일을 그르친 적이 있는가? 당장 나의 눈앞에 놓인 이익을 탐하다가 큰 것을 놓친 경험은 아마 다들 있을 테다.

음식점을 예로 들어보자. 당장의 매출도 중요하지만 고객이 무엇을 원하는지를 먼저 생각해야 한다. 장사하는 이들에게는 어려울 때 제일 큰 도움이 되는 것이 바로 단골이다. 충성 고객을 확보한다면 서로가 윈윈할 수 있다. 원가를 아끼려고 나쁜 식재료를 쓰고 손님에게 불친절하다면 그런 음식점에 단골이 생길 리 없다.

반면 원가가 좀 높더라도 좋은 재료로 맛있는 음식을 만들고, 손님에게 따뜻한 말 한마디를 더 건네는 음식점은? 당연히 고객들이 먼저 알고 찾아간다. 재료값을 아끼면 당장은 이익을 보는 것 같겠지만 손님이 점점 줄고 심지어 음식점에 대한 나쁜 평판까지 돈다면 장기적으로는 손해다. 이런 경우가 바로 소탐대실이다.

"사소한 행동 하나가 나의 운명을 바꿀 수 있다." 신빙성 없는 말처럼 여겨질지 모르지만, 실제로 현실에서 이런 일들은 꽤 자주 일어난다. 미국 뉴욕에 자리한 최고급 호텔 월도프 애스토리아와 관련해 내려오는 전설적인 이야기가 그 대표적 사례다.

필라델피아에서 어느 노부부가 악천후를 뚫고 호텔 방을 찾았으나 번번이 거절당했다. 밤은 깊고 그들은 잘 곳을 찾지 못해 난감한 상황이었다. 노부부를 안타깝게 여긴 어느 호텔 직원이 자신의 방에 묵어도 좋다고 제안했다. 노부부는 찬밥 더운밥을 가릴 처지가 아니었기 때문에 이를 승낙했고, 그 직원의 친절함에 진심으로 감사했다.

몇 년 후 그들은 이 직원을 뉴욕의 월도프 애스토리아 호텔에 초대했다. 그는 깜짝 놀랐다. 아마도 자기 방에 재워준 보답으로 최고급 호텔에 숙박할 기회를 주나 보다라고 여겼다. 하지만 그 정도가 아니었다. 그 노부부는 사실 호텔의 소유자였고, 그의 자상한 마음에 감동받아 그를 매니저로 고용한 것이다. 소설 같은 이야기지만, 사소한 행동 하나가 운명을 바꾸는 경우는 실제로 생각보다 많다.

그가 최고급 호텔의 매니저가 될 수 있었던 것은 자기가 취할 이득보다 자신이 믿는 가치를 위해서 행동했기 때문이다. 직원은 잘 곳을 찾는 노부부를 보면서 이해득실에 앞서 그들에게 잘 곳을 제공해야 한다는 마음이 앞섰다. 그것이 그의 '삶의 가치'였기 때문이다.

앞만 보고 달리다 놓치는 것들

안타까운 사실은 개인뿐만 아니라 회사, 사회, 국가 모두 지금 당장의 이익에 매달리고 있다는 점이다. 오죽하면 2,500년 전에 공자가 정치인들을 이렇게 평가했겠는가? "아! 한 말이나 한 말 두 되 들어갈 정도로 도량이 좁은 사람들이니 과연 따질 것이 있겠는가?" (〈자로〉 13.20)

단기적인 성과에만 연연해 사업을 하는 사람들도 마찬가지다. 우리는 '빨리빨리' 문화의 혜택을 봤지만 그것이 결국 우리의 발목을 잡는 족쇄가 되었다. 마치 폭주하는 기관차처럼 가속도가 붙어 멈추기가 점점 어려워지고 있다. 빠르게 최대의 성과를 내는 것도 중요하다. 하지만 속도에 매몰돼 놓치는 것들을 생각해보자. 제품의 품질, 직장 내 안전 문화, 함께 일하는 사람들에 대한 배려 등. 속도에만 목을 맬 것이 아니라 놓치지 말고 살펴야 할 것들, 그리고 함께 일하는 사람들의 마음도 보듬고 가야 할 때다.

중요한 것은 나의 가치를 확실히 정립하고 거기에 맞춰 사는 것이다. 자기 소신과 가치를 지키며 사는 사람들은 삶에서나 일에서 진정한 장인의 경지에 오른다. 당연히 다른 사람들에게도 좋은 영향을 미친다. 당장의 이익에 매달리기보다는 지금 하는 일의 가치를 되새겨보라. 그러면 5년, 10년 뒤를 생각하게 되고 나무가 아닌 숲을 보게 된다.

사람들이 보다 큰 가치를 위해서 인과 덕 그리고 예를 실천하는 것, 그것이 바로 공자가 소망하던 국가고 사회다. 물론 그러한 실천의 첫걸음은 개인에게서 시작된다.

낯선 것을 환영하고 호기심을 사랑하라

자하가 말했다. "날마다 모르던 것을 알게 되고, 달마다 할 수 있는 것을 잊지 않는다면, 가히 배우기를 좋아한다고 할 만하다." _〈자장〉 19.5

子夏曰 "日知其所亡, 月無忘其所能,
자하왈   일지기소무   월무망기소능

可謂好學也已矣."
가위호학야이의

《논어》에는 '호학'이라는 단어가 종종 등장한다. 그만큼 공자의 제자들이 배움 자체를 즐기고 좋아했기 때문이다. 공자는 심지어 자신의 호학의 경지를 이렇게 이야기할 정도였다.

"열 가구 정도 되는 작은 고을에도 나 정도로 충직하고 신의 있는 사람은 반드시 있다. 하지만 나처럼 '호학'의 경지에 이른 사람은 없을 것이다."

_〈공야장〉 5.27

승부사 잡스는 왜 요트를 사랑했을까?

"OH WOW, OH WOW, OH WOW…." 이는 〈뉴욕타임스〉에 실린 스티브 잡스가 생전에 남긴 마지막 말이다. 애플의 창업주 스티브 잡스는 병상에서 자신의 여동생, 와이프, 자녀들을 바라보며 이세 마디만을 남겼다. 시중에는 그가 "부와 먼 삶을 살아야 한다."는 명언을 남겼다는 말이 떠돌지만 이는 사실이 아니다. 아마 그가 그렇게 말하기를 바란 누군가가 만들어낸 말인 듯싶다.

평생 '독한 승부사'였던 잡스의 마지막 세 마디는 많은 점을 시사한다. 아무리 부와 명예를 이룬다고 해도 결국 죽음 앞에서는 부질없음을 의미하는 것이리라.

그는 누구보다 인생이라는 모험을 철저히 즐겼다. 젊은 시절의 잡스는 선불교에 심취했고, 인도에 수행하러 다녀올 정도로 돈과 명예에는 큰 관심이 없었다. 그래서 사람과의 관계, 예술, 젊었을 때의 꿈을 추구할 것을 주문했다. 그는 보다 높은 가치를 위해서 노력했고 이를 위해서 새로운 것에 대해 늘 호기심을 갖고 공부했다.

공자의 제자 자하는 "날마다 새로운 것을 알아가고 배운 바를 잊지 않으면 제대로 학문을 하는 것."이라고 말했다. 여기서 갑자기 학문을 이야기하는 이유는 배움의 즐거움이 그만큼 크기 때문이다.

생전에 요트에 관심이 많았던 잡스는 세상을 떠날 때까지 요트를 디자인했을 정도로 열정이 깊었다. 아마 자신이 디자인한 요트로 가족과 여행을 떠나고 싶었을지도 모르겠다. 비록 그가 세상을 떠난 후에야 요트는 세상에 모습을 드러냈지만, 그는 요트를 만들면서 분명 큰 행복을 느꼈으리라. 만약 그가 더 오래 살았다면 그의 호기심이 어디까지 확장되었을지 궁금하다.

낯선 것에 대한 호기심은 삶을 풍요롭게 한다

코로나19 때문에 재택근무, 온라인 수업이 활성화되면서 바깥보다 실내에서 생활하는 시간이 더 길어졌다. 그러다 보니 많은 사람들이 드라마나 영화, 쇼핑, 게임 등을 이전보다 더 많이 즐기게 되었다. 갑작스레 찾아온 변화로 인해 집에서 보내는 시간이 늘어나고 바깥 활동에 제약이 생기면서 우울증에 빠지는 사람들도 더 늘어나는 추세다. 온라인 게임이나 메타버스 같은 가상의 공간에서 즐기는 것도 재미있지만 왠지 모를 공허함이 동반되는 것도 사실이다.

상황이 달라졌다면 달라진 상황을 이용해보는 것도 좋다. 바깥 활동의 제약으로 늘어난 시간을 공부하는 데 쏟아보는 것은 어떨까. 영상을 보거나 게임하는 시간을 줄여 공부에 할애하는 것이다. 자신이 관심 있는 분야를 정해서 조금씩 접근해볼 것을 추천한다.

만일 책 읽기를 좋아한다면 경제, 역사, 에세이, 과학, 인문 등 분야를 정해서 책을 읽는 것도 좋다. 책을 읽고 서평을 남기거나 간단히 느낀 점을 메모해두는 것도 좋은 방법이다. 영화나 드라마에 관심이 있다면 수동적으로 시청하며 시간을 보내는 대신 감상을 글로 적어보며 적극적으로 즐겨보자. 그 외에 악기, 그림, 요리, 부동산, 주식, 게임, 미용 등 나만의 관심 분야를 찾아서 탐구하는 재미를 누려보는 것도 도움이 된다. 책이나 온라인을 통해서 공부할 수 있는 방법은 널려 있다.

지금 하는 일, 즉 자신의 업에 최선을 다하는 것은 물론 중요하다. 하지만 일 외에 다른 취미나 관심사를 위한 시간을 갖는 것도 필요한 일이다. 평소 흥미를 느끼거나 좋아하는 분야, 혹은 호기심이 생기는 아주 낯선 분야 등 뭐든 상관없다. 늘 하던 일 외에 새로운 분야에 도전하고 그 분야를 공부하는 것은 삶에 활력을 준다.

호기심 넘치는 사람은 결코 늙지 않는다

영국의 한 요양원에서 있었던 일이다. 요양원의 노인들에게 화이트보드에 삶에 대한 조언을 남겨달라고 주문했다. 그랬더니 많은 이들이 젊은 시절 하고 싶은 것을 많이 경험하고 즐기라는 글을 남겼다. 사실 젊을 때뿐만 아니라 나이가 들어서도 내가 하고 싶은 것을 찾아서 즐기는 삶은 중요하다.

즐긴다는 것은 단순히 맛있는 음식이나 술을 먹고, 여행을 다니고, 골프를 치는 등의 행위를 말하는 것이 아니다. 물론 이런 행위도 즐거움을 준다. 하지만 인생을 알차고 즐겁게 사는 방법은 내가 좋아하는 공부를 찾아서 하고, 끊임없이 호기심을 갖고 사는 것이다. 모르는 것을 알아갈 때의 즐거움, 아는 것이 점점 쌓여 어느 경지에 오를 때의 희열은 우리 삶을 한층 풍요롭게 한다.

지금이라도 내가 좋아하는 것이 무엇인지 생각해보자. 팍팍하고 무료한 일상에 매몰돼 우울함에 빠지는 대신 매일 새롭게 배울 거리를 찾아보는 것이 훨씬 낫지 않은가. 조금만 관심을 기울이면 세상에는 우리의 호기심을 자극하는 것들이 생각보다 많다.

배움은 도끼로
머리를 깨는 것과 같다

공자께서 말씀하셨다. "자신이 믿는 것과 다르다 하여 이를 배척하면 그저 해로울 뿐이다."

_〈위정〉 2.16

子曰 "攻乎異端, 斯害也已."
자 왈 공 호 이 단 사 해 야 이

우리가 알고 있는 이단異端이라는 말은 《논어》에서 비롯되었다. 이단이라는 의미는 '자기가 믿는 것 외의 도'나 '전통 혹은 권위에 반항하는 주장이나 이론' 등으로 정의된다. 공자가 이 단어를 사용했을 때 이단은 '유가'와 대립각을 세운 '묵가'를 지칭한다고 주장하는 학자들도 있다. 당시 공자의 유가가 지배층의 입장에서 백성들을 교화하고 이롭게 하는 학문이었다면, 묵가는 피지배층의 입장을 대변하고 유일신을 신봉했다. 때문에 묵가는 유일신을 믿지 않고 예의범절을 중요시하는 유가와 대비되었다.

공자의 제자들은 묵가의 이러한 사상이 예에 어긋난다고 비판했으나 공자는 제자들에게 이러한 비판을 하는 것이 해롭다고 이야기했다. 다른 사상을 인정하고 포용하는 태도를 가지라는 의미다.

사실 중국에서 다소 독특한 학문인 묵가는 전국시대에 유가와 함께 이름을 날렸으나, 최초의 통일 왕조인 진나라가 들어서면서 급격히 사라졌다. 반면 공자가 세운 유가는 2,500년을 전해져오는 학문이 되었다. 유가가 주류 학문이 된 것이다.

'다른 것'은 '틀린 것'이 아니다

공자는 본격적으로 학문을 시작하기 전에 생계를 위해서 온갖 잡일을 다 해본 사람이다. 물론 군자는 재주가 필요 없다고 했지만, 다방면의 경험을 통해서 좀 더 유연하고 넓은 시야를 갖게 된 것은 사실이다. 이와 관련된 일화가 있다.

오나라의 재상이 공자의 재능에 감탄하여 자공에게 어떻게 스승이 그런 능력을 갖게 되었는지 물어봤다. 제자에게서 그러한 질문을 듣고 공자는 이렇게 대답했다. "나는 젊어서 미천했기 때문에 남들이 천하게 여기는 일에 많이 능통할 수 있었다."(〈자한〉 9.6)

이단이라는 것은 자신이 믿는 학문이나 신념과 다르다는 것을 일컫는다. 하지만 '다르다'는 것이 꼭 '틀리다'는 것은 아니다. 대학이나 대학원처럼 학문의 요체라 일컬어지는 곳에서 공부하는 것만이 진정한 배움은 아니다. 오히려 사회생활을 하면서 더 많은 것을 경험하고 느끼고 배울 수 있다. 학교 밖 세상은 그 자체로 배움의 장이다.

아르바이트를 하거나 회사에서 일을 하거나 사업을 하면서 학교에서는 접할 수 없는 것들을 많이 접하게 된다. 인간관계, 업무와 관련한 전문 지식, 사회생활 전반의 것들을 경험할 수 있다. 그러니 공부는 학교에서만 하는 것이란 편협한 생각에서 벗어나야 한다. 마음을 열고 관점을 달리하면 세상 모든 곳이 배움의 장이 된다. 배우고자 하는 의지만 있다면 말이다.

배움에는 한계도 경계도 끝도 없다

'정리의 여왕'이라고 불리는 곤도 마리에는 사람들을 물건의 속박에서 벗어나게 만들었다는 평가를 받는다. 곤도 마리에는 《인생이 빛나는 정리의 마법》에서 "두 손으로 물건을 만져보세요. 아직도 설렘을 주나요? 설렘이 없으면 버리세요."라고 말한다. 정리를 하나의 전문분야로 승화시킨 그녀는 '정리 전문가'라 불리는데, 일본뿐만 아니라 미국에도 정리의 기술을 전파하고 있다. 특히 미국에서는 재활용 가게에 물건을 기부하는 사람들이 늘면서 사회적으로도 좋은 평가를 받고 있다. 정리의 기술은 이제 하나의 문화이자 전문성으로 자리 잡았다.

청소나 이사를 하는 데도 전문 기술이 필요하다. 최근에는 특수 청소업체도 각광을 받고 있다. 그들은 쓰레기장처럼 어지럽혀진 집을 치워주거나 고독사한 사람의 집을 정리해주기도 한다. 그러기 위해서 자신들만의 특별한 마인드와 노하우를 갖고 있으며, 특수 장비를 사용하기도 한다.

이뿐만이 아니다. 유튜브나 각종 SNS에는 숨은 고수들이 맹활약하고 있다. 정치, 경제, 사회, 문화, 주식, 부동산, 어학, 역사, 인간관계, 철학, 요리, 메이크업, 의상, 운동, 요가, 독서, 글쓰기 등 분야도 각양각색이다. 분야마다 고수들이 활약하는 방식이나 중점을 두는 포인트도 제각기 다르다.

자기만의 콘텐츠가 있다면 이제는 누구나 한 분야에서 '나만의 도'를 세울 수 있다. 플랫폼이 발달하면서 마음만 먹으면 재능이나 역량을 펼칠 기회가 누구에게나 주어졌기 때문이다. 자신의 본업에서 최고가 되기 위해 공부하고 노력하는 건 당연하다. 하지만 나의 업에서뿐만 아니라 다른 장점을 찾아내서 계발하는 것도 필요한 일이다. 지금은 'N잡러'가 유행인 시대 아닌가.

나의 본업과 연장선상에 있는 분야라면 더욱 좋다. 만일 광고 회사의 디자인 분야에서 일하고 있다면, 포토샵이나 영상 편집 등을 더 깊게 공부한 뒤 이 기술을 알려주는 SNS 채널을 만들어도 좋다.

미술학원 선생으로 일하고 있다면, 그림 그리는 수업을 온라인으로 진행하는 것도 방법이다.

본업과 상관이 없는 분야라도 괜찮다. 엔지니어가 요리에 관심이 있다면 요리를 공부할 수도 있다. 의사지만 노래를 좋아한다면 노래를 더 공부해서 커버송을 부르고, 이를 유튜브 콘텐츠로 선보일 수도 있다. 어떤 가정주부는 아침마다 《논어》를 필사하고, 또 어떤 이는 외국 원서를 필사하며 같이 공유한다.

문득 '공자가 2,500년 후의 세상을 본다면 깜짝 놀라겠지?'라는 생각이 든다. 그때와는 비교할 수 없을 만큼 다양한 직종과 학문이 있기 때문이다. 그에 따라 공부라는 개념도 훨씬 광범위해졌다. 배움과 공부에는 한계가 없다. 분야도 장소도 나이도 직업도 상관없으며, 특별한 시기가 정해져 있지도 않다. 언제든 배우고자 하는 마음만 있다면 가능하다.

백을 알려 하지 말고
하나의 본질을 꿰뚫어라

공자가 "사賜야! 너는 내가 많이 배워서 그것을 안다고 생각하느냐?"라고
묻자, 자공이 "그렇습니다. 아닙니까?"라고 하였다. 그러자 공자께서 말씀
하셨다. "그렇지 않다. 나는 하나의 근본 이치로 처음부터 끝까지 꿰뚫고
있다."

_〈위령공〉 15.2

子曰 "賜也, 女以予爲多學而識之者與."
자 왈   사 야   여 이 여 위 다 학 이 지 지 자 여

對曰 "然, 非與." 曰 "非也, 予一以貫之."
대 왈   연   비 여   왈   비 야   여 일 이 관 지

총명한 사람들을 볼 때면 부러운 마음이 드는 것은 어쩔 수 없다.
'노력과 끈기'가 중요하다고들 하지만 솔직히 똑똑한 사람들을 보면
왠지 주눅이 든다. 선천적으로 두뇌가 좋거나 남보다 배우는 것이
빠른 사람들이 있다. 이러한 사람들은 유전자가 다르다고 생각하기
쉽다. 더군다나 부모나 형제, 친인척의 지위나 학력을 확인해보면
고개를 절로 끄덕이게 된다. 그렇다면 상대적으로 재능이 평범한
사람들은 아무리 노력해도 어쩔 수 없는 것일까?

타고난 재능보다 큰 힘은 이치를 아는 것이다

당연히 그렇지 않다. 《그릿》의 저자 앤절라 더크워스Angela Duck-worth는 성공을 위해서는 열정, 노력, 끈기가 필수 요건이라고 강조한다. 재능이 전부가 아니라는 뜻이다. 그녀는 어렸을 적 아버지로부터 "네가 천재는 아니잖니."라는 말을 자주 들었다. 밥을 먹다가도 TV를 보다가도 이런 말을 듣기 일쑤였다. 그랬던 그녀가 심리학자가 되어 '천재들의 상'이라 불리는 맥아더상MacArthur Fellowship 을 수상했는데, '성공은 타고난 재능보다 열정과 끈기에 달려 있다'는 사실을 밝힌 연구로 받은 상이다. 더크워스가 그 사실의 증거이기도 하다.

아무리 좋은 유전자를 갖고 태어나도 노력하지 않으면 좋은 결과를 낼 수 없다. 이는 누구나 아는 사실이다. 하지만 공부를 하거나 사회생활을 하는 과정에서 벽에 부딪히는 경우가 많고 그럴 때면 우리는 자신의 타고난 능력을 탓하게 된다. 이렇게 자신의 능력을 깎아내리면 마음은 편해진다. 적어도 책임을 나의 노력 부족이 아닌 선천적인 능력 탓으로 돌릴 수 있기 때문이다.

공자는 자신의 타고난 재능을 깎아내리지 않았다. 누구보다 《그릿》의 이치를 제대로 깨우치고 또 실천한 사람이다. 그 역시 더크워스처럼 끈기의 화신이었다. 그의 삶이 어떠했는지 들여다보자. 공자의 아버지는 기골이 장대한 무인이었다. 만약 아버지가 계속 살아 계셨다면 그는 '죽간'보다는 칼을 손에 들었을 확률이 높다. 그만큼 아버지로부터 물려받은 공자의 신체적 조건은 무인이 되기에 적합했고 그편이 더 이루기 쉬운 길이었을 것이다. 불행히도 그의 나이 세 살 때 아버지가 일찍 세상을 떠나고 어머니는 자신의 고향으로 돌아와 홀로 공자를 키웠다.

공자는 유년 시절, 어려운 가정환경 때문에 닥치는 대로 일을 해야 했다. 그는 어린 나이에 온갖 풍파를 겪으며 자신의 육체적인 힘만으로는 인생을 바꾸는 데 한계가 있음을 일찍이 깨달았고, 결국 15세에 학문에 뜻을 세웠다. 공부를 해야만 험한 세상을 이겨내고 제 뜻대로 살아갈 힘을 얻을 수 있다는 이치를 깨달은 것이다. 당시 어지러운 춘추시대에 그의 용맹이 혼란을 잠재우는 데 한몫할 수도 있었겠지만 세상을 변화시킬 수는 없었다. 특히 공자가 살던 노나라는 이미 세도가들이 왕을 조종할 정도로 왕실이 무기력한 상태였다. 결국 세상을 더 이롭게 하기 위해서는 무력이 아닌 '말'과 '글'이 필요하다고 생각했고, 공부에 전념했다. 그는 닥치는 대로 공부했다. 배움의 힘을 깨우친 그는 오직 그 힘을 얻기 위한 열정으로 가르침을 구하며 여기저기 다녔다. 그리고 마침내 서른 살에 자신만의 가치관과 학문의 기초를 세우고(이립) 제자들을 양성하기 시작했다.

제자 자공은 공자가 뛰어난 이유가 많이 배웠기 때문이라고 생각했다. 하지만 공자는 그보다 중요한 것은 '근본적인 이치'를 깨닫는 것임을 강조했다. 우리가 흔히 말하는 '헛똑똑이'가 되지 않기 위해서 조심해야 한다는 말이다. 여기서 말하는 헛똑똑이는 '겉으로는 아는 것이 많아 보이나 정작 자신에게 힘이 되는 본질은 잘 모르는 사람'을 일컫는다.

하나의 이치로서 모든 것을 꿰뚫다

옛날에는 마을 어른들이 중요한 결정을 내리고는 했다. 그것은 젊은 사람들이 갖지 못한 경험과 지식이 있었기 때문이다. 물론 이러한 결정이 꼭 올바른 것은 아니겠지만, 적어도 실수의 확률을 줄일 수는 있다. 그래서 어른들의 지위는 높았고 마을 사람들의 존경을 받았다. 하지만 지금은 이러한 어른들을 찾기 어렵다. 때문에 스스로 배우고 체득하는 수밖에 없다. 인터넷에서 찾거나 공부를 해서 나만의 노하우를 터득해야 한다.

그러나 무조건 많은 지식을 머리에 넣는 것이 정답은 아니다. 공자가 제자 자공에게 강조한 것이 바로 이것이다. 많이 아는 게 중요한 것이 아니라 배운 것을 나의 것으로 소화하고, 그 핵심을 파악해야 한다.

"머리가 좋다고 해서 다가 아니다. 가장 중요한 것은 그걸 제대로 사용하는 것이다."《지능의 함정》의 저자 데이비드 롭슨David Robson의 말이다. 회사를 다니다 보면 업무에 대한 경험과 지식이 점차 쌓인다. 한 분야에 대해서 전문가가 된다. 그런데 관리자가 되면 업무의 범위가 넓어진다. 사람을 관리하고, 전체를 조망하면서 업무를 파악하고, 대안을 제시해야 한다. 그렇기 때문에 수많은 인풋을 받게 된다. 수십 종의 보고서를 읽어야 하고, 수많은 회의에 참석해야 한다. 이때 제일 중요한 것이 '일의 핵심을 파악하는 것'이다. 내가 왜 이 일을 하는지, 그리고 이 일을 통해서 무엇을 얻는지에 대한 성찰이 필요하다. 물론 연구자라면 이야기가 달라지지만 관리자의 길을 간다면 그렇다는 것이다.

이보다 한 단계 더 올라가 보자. 만약 회사의 사장이나 CEO가 된다면 어떨까? 수십 가지가 아니라 수백 가지의 의사결정을 내려야 한다. 그중에는 회사의 존망을 가르는 중요한 결정도 있을 것이다. 이때 필요한 것이 바로 일이관지다. 무엇이 가장 핵심인지를 파악하는 능력이다. 경영진은 모든 업무의 디테일을 파악할 수 없기 때문에 그 분야의 전문가보다 못하다. 예를 들어서 신제품을 개발하기로 했다면 제품에 대한 디테일은 전문가가 제일 많이 알 것이다. 하지만 이 제품에 대한 시장성, 고객의 반응, 수익 등을 파악하고 종합적으로 결정하는 것은 경영진의 몫이다. 회사의 비전과 미션, 미래를 생각하면서 결정을 내려야 한다.

학문에 근본이 있듯 인생도 마찬가지다. 인생을 관통하는 큰 지혜가 있으며 이는 학벌이 좋거나 많이 아는 것과는 전혀 별개의 문제다.

절실함과 즐거움이 만나
진정한 배움이 된다

공자께서 말씀하셨다. "육포를 열 묶음 이상 가져오는 사람이라면, 나는 일찍이 누구라도 가르쳐주지 않은 적이 없다." _〈술이〉 7.7

子曰 "自行束脩以上 吾未嘗無誨焉."
자 왈   자 행 속 수 이 상   오 미 상 무 회 언

공자는 교육에 관대했다. 정확히 말하면 교육의 기회를 주는 것에 관대했다. 진지하게 배우려는 자세를 가진 사람이라면 신분과 상관없이 제자로 받아들였다.

《논어》에서 자주 언급되는 그의 대표 제자 자로는 그야말로 '야인'으로, 동네에서 힘깨나 쓰는 장사였지만 공자를 만나고 충성을 맹세했다. 그 후 그를 그림자처럼 따르고 수행하면서 열심히 학문에 정진했다. 비록 자로의 학문적 성취는 높지 않았지만 공자는 가르침을 게을리하지 않았다. 결국 자로는 나중에 노나라와 위나라의

벼슬길에 오를 정도로 능력을 인정받았다.

배움의 의지를 불태운다면 스승을 넘어설 수 있다

공자가 제일 총애했던 애제자 안연은 평민이었으며 집이 찢어지게 가난했다. 하지만 그는 공자에게 가르침을 청했고 누구보다 열심히 공부하면서 덕을 실천했다. 다른 제자들은 학문을 닦아서 출세길을 찾고자 했으나 안연은 늘 공부하는 자세를 유지했다. 공자조차도 안연의 배움의 자세를 보고 감탄했다. 그가 죽었을 때 공자는 다음과 같이 말하면서 한탄할 정도였다.

"안회(안연)만이 내 뜻을 알았소. 하지만 지금은 죽고 없다오."

그만큼 안연에 대한 공자의 애정과 기대는 컸다. 오죽하면 공자는 그의 부유한 제자 자공에게 이런 질문을 할 정도였다. "안회와 너를 비교하면 누가 더 낫다고 생각하느냐?" 공자의 질문에 자공은 "안회는 하나를 들으면 열을 알지만 저는 겨우 둘밖에 알지 못합니다."(〈공야장〉 5.8)라고 답하며 안연의 뛰어남을 솔직하게 인정했다. 대체 안회는 무엇이 그렇게 남달랐던 것일까? 무엇보다 그가 배움에 임하는 진지한 자세는 처절할 정도였다. '극기복례'克己復禮, 즉 "자기의 욕심을 극복하고 예로 돌아간다."는 말을 제대로 실천한 사람이기 때문이다. 그는 비록 가난했지만 자신의 신세를 한탄하지 않았다. 부를 추구하기보다는 더 많은 깨달음을 얻기 위해서 진지하게 공부했다. 한마디로 인의 정신을 실행하는 데 있어서 스승에게도 양보하지 않을 정도였다(〈위령공〉 15.35).

공자는 3,000여 명의 제자를 두면서 많은 가르침을 전달하려고 애썼다. 당시에는 변변한 서당이나 학교가 없었기 때문에 공자의 말은 제자들에게 '피와 살'이 되었다. 자신의 욕심을 버리는 '인'을 강조한 공자의 가르침은 제후들에게 큰 인기가 없었지만 다른 사람들에게는 신선한 충격으로 다가왔다. 더군다나 약육강식이 판을 치던 춘추시대에는 더욱 그랬다.

배우려는 의지만큼 가르침은 의미를 갖는다

공자의 수업을 듣기 위한 수업료는 육포 묶음이 전부였다. 당시 육포 묶음은 격이 낮은 물건이었는데, 이를 수업료로 받은 것은 누구나 수업을 듣게 하기 위함이었다. 이를 '속수지례'束脩之禮라 한다. 속수지례는 말 그대로 '육포 묶음의 예'로, 제자가 스승을 처음 뵐 때 드리는 선물을 말한다. 물론 신분에 따라서 선물의 레벨이 달랐겠지만 공자는 더 많은 사람들이 자신의 수업을 듣기를 원했기에 선물의 격을 낮췄다.

공자는 부드러움과 엄격함을 고루 갖춘 선생님이었다. 그런 그가 강조한 것은 '마음가짐'이다. 마음가짐이 다른 사람은 우선 눈빛이 다르다. 절실함과 절박함, 호기심으로 가득 차 있다. 무엇이든 배움을 게을리하지 않고 누구보다 진지하게 학문을 대한다. 그에게 중요한 것은 제자들에게 받는 학비가 아니라 배우고자 하는 '의지'였다.

공자는 자신의 교육관에 대해 이렇게 이야기했다. "힘쓰지 않으면 알려주지 않고, 표현하려고 노력하지 않으면 일깨우지 않는다. 한 구석을 들어보였을 때, 세 구석으로 반응하지 않으면(유추하지 않으면) 다시 가르치지 않는다."(〈술이〉 7.8)

회사나 사회, 학교 교육도 마찬가지다. 배우려고 스스로 노력하지 않으면 아무리 가르쳐도 소용이 없다. 의지가 없고 수동적인 사람의 성과가 좋을 리 없는 법이다. 반면 한 가지를 알려주면 거기에서 두 가지, 세 가지를 유추하고 고민하는 사람의 결과물은 크다. 이처럼 자기주도적인 학습을 하는 사람은 자신만의 노하우가 생길 뿐 아니라, 다른 어려운 과제나 일에 맞닥뜨렸을 때 스스로 해결하는 능력을 키울 수 있다.

공자는 속수지례를 통해서 배움의 문턱을 낮췄고 많은 제자들을 받아들였다. 그것은 더 많은 이들에게 배움의 기회를 주고자 한 그의 순수한 마음에서 우러난 일이다. 그는 열심히 배우고 실천하려는 자세를 늘 높게 평가했다. 이처럼 자신의 가치관을 따랐기 때문에 가르침에 최선을 다했고, 제자들도 더 열심히 배우려고 노력했다.

공자는 "가르침에는 치우침이 없어야 한다."(〈위령공〉 15.38)라고 강조했는데, 이것이 바로 그가 중요시한 가르침의 원칙이다. 이는 그가 견지해온 삶의 자세 그리고 가치관과 일관되게 통한다. 속수 지례를 갖추고 어디에서든 배움을 청해야 하며 그것이 바로 '바른 마음가짐'이다. 이것이 공자가 추구했던 도이며, 학문의 자세이고, 인생의 자세다.

{ 마음을 다스리는 논어 한 줄 }

"덕망이 높은 사람을 만나면 같아지기를 생각하고, 그렇지 못한 사람을 만나면 마음속으로 그와 같지 않은지 스스로 반성해야 한다." 〈이인〉 4.17

한글 필사 : _____

_____

_____

나의 생각 : _____

_____

_____

_____

"성급하게 하고자 하지 말고, 작은 이익을 보려 하지 말아야 한다. 성급하게 하고자 하면 달성하지 못하고, 작은 이익을 보려 하면 큰일을 이루지 못한다." 〈자로〉 13.17

한글 필사 : _____

_____

_____

나의 생각 : _____

_____

_____

_____

"날마다 모르던 것을 알게 되고, 달마다 할 수 있는 것을 잊지 않는다면, 가히 배우기를 좋아한다고 할 만하다." 〈자장〉 19.5

한글 필사 :

_____

_____

_____

나의 생각 :

_____

_____

_____

"자신이 믿는 것과 다르다 하여 이를 배척하면 그저 해로울 뿐이다." 〈위정〉 2.16

한글 필사 :

_____

_____

_____

나의 생각 :

_____

_____

_____

제3장

관계
關係

우리는 사람을 통해
넓어지고 깊어진다

남을 돕는 것이
나를 돕는 길이다

공자께서 말씀하셨다. "인자는 자기가 서고자 하면 다른 사람들을 함께 일으켜 세우는 사람이다. 또한 일을 이루고자 하면 다른 사람들도 함께 이루게 하는 사람이다." _〈옹야〉 6.28

子曰 "夫仁者, 己欲立而立人, 己欲達而達人."
자왈   부인자 기욕립이립인 기욕달이달인

무언가를 배우는 가장 좋은 방법은 가르치는 것이다. 자신이 배운 것을 다른 사람에게 알려주려면 그것에 대해 속속들이 꿰뚫고 있어야 한다. 그렇지 않으면 가르치는 과정에서 자꾸 제동이 걸리고 속 시원한 설명을 하지 못한다. 반면 누군가를 가르치려다 보면 본인이 먼저 전체 원리부터 세부적인 항목까지 더 신경 써서 공부를 하게 되고 몰랐던 부분도 발견하게 된다. 공부한 것을 반복해서 들여다보며 되새기므로 공부 효과가 상당히 크다.

학창 시절 똑똑하면서 인기가 좋았던 친구를 떠올려보자. 그런 친구들은 누구에게나 친절할뿐더러 자신이 알고 있는 것을 친구들에게 쉽게 설명해주었을 것이다. 열심히 공부해 터득한 내용을 친구들에게 쉽사리 내어준 이들은 그만큼 덕을 베푼 것이다. 얼핏 왜 남 좋은 일을 할까 싶지만 그렇지 않다. 남을 돕는 것은 결코 손해가 아니다. 내 안에 가둬두면 빛이 나지 않았던 것이 남들과 공유하면서 빛을 발하고 그만큼 영향력이 커지니 나에게도 긍정적으로 돌아온다.

멀리 가려면 함께 가야 한다

너무도 유명한 3M의 포스트잇 탄생 비화도 이와 같은 맥락이다. 연구원 스펜서 실버는 강력한 접착제를 개발하려다 실패한다. 그리고 몇 년 후인 1970년, 아서 프라이라는 연구원이 그 접착제를 활용해 포스트잇을 개발한다. 초반에는 제품의 생소함 때문인지 시장 반응이 미지근했다. 하지만 프라이는 포기하지 않고 포스트잇을 포춘 선정 500대 기업의 비서들에게 보내 제품을 홍보했다. 사람들이 제품을 직접 써본 후 포스트잇은 날개 돋친 듯 팔리며 그야말로 대박이 났다.

지금은 어디에서든 포스트잇을 볼 수 있을 만큼 흔해졌다. 하지만 강력 접착제를 개발한 스펜서 실버 연구원이 없었다면, 그리고 이 연구를 다시 활용한 아서 프라이가 없었다면 우리는 좀 더 늦게 포스트잇을 알게 되었을지 모른다.

3M은 1900년대에 설립된 회사로 본래 숫돌 제조업체였다. 그런데 흥미로운 사실은 이 회사에는 '15퍼센트 규칙'이라는 문화가 있었다는 점이다. 근무 시간의 15퍼센트를 개인 아이디어 구상에 사용할 수 있도록 한 것이다. 당시로선 매우 획기적인 기업 문화였다.

구글도 이와 비슷하게 20퍼센트의 법칙을 활용한다. 업무 시간 중 20퍼센트를 새로운 아이디어 발굴에 활용할 수 있도록 하는 것이다. 더 중요한 것은 자신이 발견한 것을 사내 발표회에서 오픈하고, 브레인스토밍을 통해서 아이디어를 더 발전시킬 수 있다는 점이다. 혼자서만 품고 있을 때는 작은 아이디어에 불과하지만 여러 사람들의 생각이 모여 집단지성이 발휘되면 세상을 바꿀 멋진 아이디어로 발전할 수도 있다.

어느 누구든 어느 회사든 마찬가지다. 아무리 개인의 능력이 뛰어나다 해도 혼자 힘으로 할 수 있는 것에는 한계가 있다. 한 사람이 모든 분야를 섭렵할 수는 없으니 말이다. 각 분야의 전문가가 따로 있기에 그들의 협력과 도움이 절대적으로 필요하다. 그러기 위해서는 아이디어를 공유하고, 서로의 전문 지식을 나눠야 한다. 자신의 아이디어가 너무 소중해서 아무에게도 알리지 않고 혼자만 알고 있다면? 당연히 그 아이디어는 세상 밖으로 나와보지도 못하고 그대로 죽게 된다.

독점하면 추락하고 공유하면 비상한다

회사생활을 하다 보면 가끔씩 욕심 때문에 아이디어를 움켜쥐고 있는 사람들을 발견한다. 혹은 상사나 관리자 중에서 자신이 알고 있는 정보나 업무적인 노하우를 부하직원이나 팀원들과 공유하지 않는 이들도 있다. 그것을 알려주면 자신의 입지가 좁아질 것이란 두려움 때문이다.

하지만 조직이란 함께 협력해서 일하고 팀의 성장을 통해 개인도 같이 성장하는 곳이다. 공유하고 소통하며 머리를 모으면 훨씬 더 좋은 아이디어가 나오고, 창의적인 해결책이 도출된다. 혼자 움켜쥐고 있을 때보다 더 큰 성과로 돌아올 수 있음을 잊지 말아야 한다. 나만 성공하고 싶다는 욕심은 나도 팀도 모두 후퇴시킬 뿐이다. 팀과 조직을 배제한 개인의 성공이란 있을 수 없다.

무엇보다 리더라면 후배 양성에 힘을 쓸 필요가 있다. 경쟁자를 만들지 않기 위해서 나만 좋은 경험과 정보를 독점하겠다는 것은 어리석은 생각이다. 후배를 양성해서 이들의 역량을 키운다면 그들의 역량이 결국 나의 역량이 된다. 주변 사람이나 팀원의 수준이 오르면 팀의 수준이 오르고, 나 역시 그만큼 성장할 수 있다.

장사를 하는 사람도 마찬가지다. 사업을 확장하는 것도 중요하지만 무엇보다 후계자들을 육성하는 데 가치를 둘 필요가 있다. 그것이 자신의 세계관을 더 확장시키는 길이다. 진정한 '장사의 신'은 자신이 갖고 있는 노하우를 모두 전수해서 같이 일하던 직원이 자립할 수 있도록 돕는다. 그러한 과정을 통해 자신의 경영 철학을 더널리 알리고 영향력을 확장한다.

장사의 신이라고 불리는 일본 이자카야의 대부 우노 다카시도 수백명의 직원들이 자신의 가게를 낼 수 있도록 도왔다. 그는 자신의책 《장사의 신》에서 꼭 '내 가게를 갖겠다'는 각오부터 다지라고 강조한다. 그만큼 목표 의식이 중요하다는 뜻이다. 그가 직원들에게강한 목표 의식을 제공했기에 직원들은 자기 소명을 되새기며 목표를 향해 더욱 정진할 수 있었다.

다카시의 도움으로 자신의 가게를 차린 직원들은 다시 자신의 가게에서 일하는 직원들이 독립할 수 있도록 도울 것이다. 이렇게 선순환을 거치면 기업은 좋은 에너지를 갖고 성장하게 된다. 결과적으로 기업도 직원도 고객도 만족하게 된다. 실로 놀라운 영향력이다.

물은 돌고 돌아 결국 나에게로 온다

2,500년 전 공자의 가르침이 지금도 널리 알려진 이유는 그가 아무런 대가 없이 제자들에게 자신의 깨달음을 전했기 때문이다. 그의제자들도 마찬가지로 자신이 배우고 깨달은 내용을 다시 후대에 전했고, 이는 맹자, 순자, 한비자, 주희 등에 의해서 보다 체계화되었

다. 사실 공자가 집대성한 유학은 당시 유행하던 제자백가(춘추시대의 여러 사상가와 그 학파) 중의 하나에 불과했다. 하지만 결국 한무제에 의해 정통 학문이 된 후 후대에 넓고 깊은 영향을 미치게 된다. 이 또한 수많은 제자들의 노력이 모여서 이룬 성과다.

내가 갖고 있는 노하우를 혼자만 독차지해서는 안 된다. 유사 이래 새로운 것은 없듯이 그 또한 내가 보고 들은 많은 것들이 모여서 생긴 노하우일 것이다. 결국 보이든 안 보이든 누군가의 노력과 도움이 영향을 미쳤다는 의미다. 그러니 내 것이라고 욕심을 부리며 움켜쥘 이유가 없다.

이기적인 관리자가 있는 회사는 발전할 수 없다. 단기적인 성과는 있겠지만 장기적으로는 한계에 부딪힌다. 나만 살아남기 위한 정치가 판을 치기 때문이다. 현명한 경영자라면 그런 사람들을 관리자로 두지 않는다. 조직의 구성원들이 창의력을 발휘하지 못하고, 더불어 조직은 발전할 수 없기 때문이다.

정보와 지식, 경험이 물처럼 끊임없이 흘러서 다른 이들에게 전해지게 하자. 작은 냇물이 모여 강물이 되고 바다가 되면 가늠할 수 없는 넓이와 깊이를 지니게 된다. 그리고 그 물은 돌고 돌아 언젠가는 나에게로 온다. 남을 돕는 것이 결국 나를 돕는 것이다.

좋은 사람은
좋은 에너지를 몰고 온다

순 임금은 신하 다섯을 두어 천하를 잘 다스렸다. 무왕이 말했다. "나에게
는 유능한 신하 열 명이 있다." 공자께서 말씀하셨다. "인재를 얻기란 어렵
다. 그렇지 않은가!"

_〈태백〉 8.20

舜有臣五人, 而天下治. 武王曰 "予有亂臣十人."
순 유 신 오 인   이 천 하 치   무 왕 왈   여 유 난 신 십 인

孔子曰 "才難, 不其然乎."
공 자 왈   재 난   불 기 연 호

중국에서 가장 오랜 역사를 가진 주나라를 세운 주 무왕은 강태공
을 비롯해서 훌륭한 신하를 곁에 두었다. 그가 상나라를 격파하고
새로운 왕조를 세운 데는 자신의 뛰어난 리더십도 있었지만, 그를
보필한 10명의 신하 덕도 컸다. 주 왕조의 열렬한 지지자인 공자는
이때를 그리워하며 좋은 인재가 없음을 한탄했다. 그만큼 인재를
얻기란 옛날이나 지금이나 어려운 일이다.

사람을 얻으면 모든 것을 얻은 것이다

좋은 사람을 알고 그와 친구가 되거나 함께 일하는 것은 큰 행운이다. 무엇보다 사업을 하는 데 있어 가장 중요한 것이 인재이기에 사람이야말로 제일 중요한 자산이다. 하지만 좋은 사람을 만나는 것은 생각처럼 쉽지 않다.

좋은 사람인가 싶어 관계를 지속하다가 뒤늦게 본심을 발견하고 실망하는 일이 종종 있다. 겉으로 보기에는 분명 좋은 사람이었는데 알고 보면 그렇지 않은 경우도 많다. 특히 내 앞에서는 좋은 사람인데, 다른 사람들의 평판을 들으니 그렇지 않은 경우도 있다. 어쩌면 내 앞에서만 좋은 사람 행세를 한 것인지도 모른다.

다들 이런 경험이 있을 것이다. 나와 관계없거나 거리를 두고 만날 때는 좋은 사람인데, 막상 같이 일할 때는 전혀 다른 사람으로 느껴지는 경우 말이다. 그것은 그 사람이 이해관계의 영역으로 들어설 때 비로소 본심을 드러냈기 때문이다.

예전에는 윗사람에게 잘하고 추진력이 좋은 사람을 선호했다. 그런 사람들은 방법이 어떻든 간에 결과물이 확실했고 대체로 성과가 좋았다. 윗사람들은 결과가 좋다면 그 과정이나 수단에는 별 관심을 두지 않았다. 물론 여전히 그런 회사들이 있지만, 대부분의 곳에서 업무 문화가 상당히 바뀌는 추세다.

지금은 독선적으로 일하는 사람보다는 상호 교감을 잘하는 사람들을 선호한다. 성장 위주의 산업에는 한계가 있으며, 창의력과 다양성이 더 중요하다는 것을 인식했기 때문이다. 조직의 열정을 끌어내기 위해서는 단순히 자신의 업적을 위해 일하는 사람은 도움이 되지 않는다. 자리를 지키면서 적당히 시간을 때우거나 윗사람들의 눈치를 보는 사람들은 한계가 있다. 자발적으로 나서서 일하는 사람이 필요하다.

구글의 인사 책임자는 《구글의 아침은 자유가 시작된다》라는 책에서 구글이 직원을 대우하는 10가지 업무 규칙을 언급했다. 그중 첫 번째가 "일에 의미를 부여하라."이다. 보너스와 좋은 근무 환경도 중요하지만 그게 전부가 아니라는 것이다. 처우가 조금 열악하더라도 자신의 일에 의미를 갖게 하는 조직이라면, 직원들은 스스로 일을 처리하면서 자발적으로 나서게 된다. 이제는 그런 인재가 필요하고, 조직에서도 그런 인재를 키워야 한다.

앞서 2,500년 전 공자도 인재를 얻기가 얼마나 힘든지를 토로했다. 그에게 무려 3,000명의 제자가 있었지만 공자의 뜻을 제대로 이해하고 그의 수제자가 된 사람은 손에 꼽을 정도다. 그중에서 뛰어난 제자는 70명 정도였고, 이들 중 《논어》에서 종종 언급되는 제자는 10명 내외다. 그만큼 좋은 제자를 만나는 것이 힘듦을 알 수 있다.

나에게만 잘하는 사람은 좋은 사람이 아니다

어떻게 해야 좋은 사람을 만나 같이 일할 수 있을까? 먼저 상대방에 대한 개인적인 호감이 있다 하더라도 다른 사람의 의견을 참조해야 한다. 나한테 잘한다고 좋은 사람은 아니다. 주관적 감정에 치우지지 않으려면 다른 사람한테 어떻게 하는지도 살펴봐야 한다.

평소에는 예의 바르고 겸손한데 운전만 하면 과격한 면이 나오는 사람, 혹은 자신보다 약자 앞에서만 목소리를 높이는 사람도 있다. 이럴 때 우리는 그 사람의 진면목을 본다. 같은 광고 전화라 해도 어떤 사람은 매너 있게 거절하는가 하면, 어떤 사람은 소리를 지르거나 상대방을 무시하는 태도로 전화를 끊는다. 식당에서 종업원을 대하거나 전화로 상담원과 통화하는 등의 사소한 일상에서 그 사람의 인격이 제대로 드러나는 경우가 많다. 그러니 세심하게 살펴 그 사람의 진면목을 제대로 파악해야 한다.

그렇다면 왜 좋은 사람을 곁에 둬야 할까? 그것은 바로 '에너지' 때문이다. 좋은 에너지를 갖고 있는 사람은 또 다른 좋은 에너지를 끌어오게 마련이다. 한 가지 오해하지 말아야 할 것이 있다. 여기서 말하는 좋은 사람은 그냥 성격 좋은 사람이 아니다. 일에 공정하고 상대방을 배려하면서 업무에 대한 책임감이 강한 사람을 말한다. 흔히 말하는 마냥 성격 좋은 사람은 문제가 있다. 여기저기서 나오는 다양한 의견을 조율하지 못하고 우유부단할 수 있기 때문이다.

만약 내가 회사의 리더라면 좋은 사람 몇 명만 곁에 둬도 큰 이득이다. 그들은 자신이 무엇을 해야 하는지 잘 알고, 조직의 영속적인 발전을 위해서 노력한다. 특히 회사가 커질수록 이런 사람들이 더 필요하다. 나 혼자서 책임질 수 있는 데는 한계가 있다. 회사와 함께 성장할 수 있는 좋은 에너지를 가진 사람을 발견했다면 그 에너지를 확장해 좋은 사람들을 점차 늘려나가야 한다.

반면 자신의 명예와 부만을 목적으로 하는 사람들은 경계해야 한다. 이런 사람들은 조직의 성장이나 일 자체에는 관심이 없으며, 오로지 자신의 이익을 채우는 데만 신경 쓴다. 결국 부정적인 에너지를 내뿜으면서 조직을 병들게 만든다.

좋은 사람을 얻으려면 먼저 좋은 사람이 돼야 한다

가장 중요한 것은 나의 안목이다. 좋은 사람인지 아닌지를 판별하는 눈을 키워야 한다. 그러면 사람 보는 안목은 어떻게 키울 수 있을까? 먼저 내가 '좋은 사람'이 되어야 한다. 너무나 뻔한 결론이지만 우리는 이러한 단순한 진리를 외면하고 있다. 〈이인〉(4.3)에서 언급했듯이 오직 '인자'만이 다른 사람을 좋아하고 싫어할 수 있다.

공자는 "사람의 잘못은 각자 그 무리에 따르게 되어 있다."(〈이인〉 4.7)라고 말했다. 근묵자흑, 즉 "먹을 가까이 하면 검어진다."는 의미다. 내가 먹처럼 검다면 주변에는 그런 사람들이 몰릴 테고, 맑은 사람들이 가까이할 수 없다. 수많은 성공한 CEO나 지도자를 보면 마치 그들이 혼자 힘으로 영광을 이룬 것 같지만 결코 그렇지 않다. 보이지 않는 곳에서 그를 도운 조력자들이 있기에 가능했던 일이다.

애플의 전 CEO 스티브 잡스 곁에는 공급망 관리의 대가인 팀 쿡, 천재 디자이너 조너선 아이브가 있었고, 이외에도 베일에 감춰진 리더들이 포진해 있었다. 그들의 조력이 있었기에 성공을 거둘 수 있었던 것이다.

혼자서 이룰 수 있는 것은 아무것도 없다. 나의 업무 능력이 탁월하다 해도 그것을 받쳐줄 사람이 없으면 무의미하다. 우리는 협력하고 협조하는 과정에서 시너지를 내며 혼자 이룰 수 없는 것을 이루어낸다. 따라서 주변에 능력 있고 좋은 사람이 있어야 한다. 그리고 그런 사람들을 곁에 두려면 내가 먼저 그런 사람이 되어야 한다.

친구의 얼굴이
때론 나의 얼굴이 된다

공자께서 말씀하셨다. "유익한 벗은 세 종류가 있고, 해로운 벗도 세 종류가 있다. 정직하고, 성실하고 신의가 있고, 식견이 넓은 벗이 유익하다. 아첨하거나 줏대가 없거나 말만 앞서는 벗은 손해만 끼친다." _〈계씨〉季氏 16.4

孔子曰"益者三友, 損者三友. 友直, 友諒, 友多聞,
공 자 왈   익 자 삼 우   손 자 삼 우   우 직   우 량   우 다 문

益矣. 友便辟, 友善柔, 友便佞, 損矣."
익 의   우 편 벽   우 선 유   우 편 녕   손 의

"친구 따라 강남 간다."는 속담을 익히 들어봤을 것이다. 이는 '자신은 하고 싶지 않은 일인데 친구에게 끌려 덩달아 한다'는 의미를 담고 있다. 좋은 친구를 사귄다면 그 친구를 따라 좋은 곳에 가게 될 테다. 하지만 나쁜 친구를 사귄다면 그를 따라 가는 길이 나쁘거나 위험할 수 있다. 그만큼 좋은 친구를 사귀는 것이 중요함을 함축적으로 상징하는 속담이다.

내가 만나는 친구가 곧 나를 대변한다

유아 시절부터 시작해 학교를 거쳐 사회생활을 하면서 우리는 수많은 친구들을 만난다. 물론 그중에는 지금까지 연락하며 만나는 친구도 있고 오래전 연락이 끊긴 친구도 있을 것이다. 그리고 그 친구들과 함께했던 시절의 나를 돌아보면, 누구를 만나느냐에 따라 같은 나라도 상당히 달랐음을 알 수 있다. 지금 자신을 한번 살펴보자. 내 주변에 어떤 친구들이 있는가? 마음을 나누며 믿고 의지할 만한 친구인가? 혹은 서로의 이익을 위해서 만나는 계산적인 사이인가?

작가 짐 론Jim Rohn은 "우리는 대부분의 시간을 함께 보내는 다섯 사람의 평균이다."라고 말한다. 실제로 술을 좋아하는 친구를 사귀면 술자리에 자주 불려나가게 되고, 운동 좋아하는 친구를 사귀면 함께 운동할 기회가 많아진다. 자주 만나며 삶의 여러 측면을 공유하는 친구는 나의 운명을 바꿀 수 있기에 잘 사귀어야 한다.

당연히 좋은 사람을 친구로 사귀는 것이 중요하다. 그리고 앞서 말했듯 좋은 사람을 얻으려면 내가 먼저 좋은 사람이 돼야 한다. 그런 후 사람 보는 안목을 키워야 좋은 사람을 알아볼 수 있다.

어릴 적부터 알아온 친구가 꼭 좋은 친구란 법은 없다. 우리는 오래된 관계에 과하게 점수를 주는 경향이 있는데, 얼마나 오래 알고 지냈느냐는 그닥 중요하지 않다. 나이가 들어서도 얼마든지 좋은 친구를 만날 수 있으니 말이다.

친구를 사귀다 보면 안타까운 일을 겪곤 한다. 오랜 친구가 점점 변하는 모습을 보는 경우다. 예전에는 착하고 순수했던 친구라 해도 험한 세상을 겪으면서 달라질 수 있다. 가치관이나 삶의 태도가 너무 변해서 도저히 함께하기 어려운 지경에 놓이기도 한다. 나라고 다르지 않을 것이다. 남들이 보기에는 나도 예전과는 달라진 면이 있을 수 있다. 더 심한 경우는 친한 친구가 나를 속일 때다. 사소한 거짓말부터 시작해서 금전적으로 손해를 입히기도 한다. 그럴 때는 인간적인 실망감이나 배신감이 들고, 소중한 친구를 잃게 될 수도 있다.

공자는 해로운 친구 유형 세 가지를 언급했다. 아첨하거나 줏대가 없거나 말만 앞서는 벗이다. 비위를 맞추거나 아첨한다는 것은 언제든지 배신할 수 있다는 것으로도 해석된다. 원하는 것이 있어 듣기 좋은 말로 현혹하는 것일 수도 있다. 설혹 그렇지 않다 하더라도 늘 좋은 말만 늘어놓으면, 나를 객관적으로 판단하거나 성찰하는 데 도움이 되지 않는다. 가끔은 솔직하게 쓴소리를 해줄 수 있는 친구가 필요한 이유다. 줏대가 없는 친구는 삶에 원칙과 기준이 없다. 귀가 얇아서 남의 말에 쉽게 좌지우지된다. 그런 친구에게는 성실과 꾸준함을 기대하기 힘들다. 말만 앞서는 친구도 마찬가지다. 행동보다는 말로 자신을 포장하려고 한다. 이런 친구에게서 어떻게 오랜 신의를 바랄 수 있을까?

진정한 친구 한 명만 있어도 우리는 살아갈 수 있다

관포지교, 금란지교, 막역지우, 백아절현 등 친구와 관련된 고사성어는 너무나 많다. 그만큼 진정한 우정은 예전부터 많은 이들의 큰 관심거리였기 때문이다. 우정에 얽힌 따뜻한 이야기도 그만큼이나 많다. 춘추시대의 관중과 포숙의 우정은 지금도 회자되고 있으며, 절친한 벗의 죽음으로 백아가 거문고 줄을 끊었다는 것은 매우 유명한 일화다. 이러한 이야기들의 공통점은 친구가 나를 제대로 이해했다는 점이다. 나의 장점과 약점을 모두 알기 때문에 제대로 충고를 하고, 어려울 때는 그만큼 도움이 되었다.

관중과 포숙이 같이 장사를 할 때의 일화를 살펴보자. 관중이 자신의 몫으로 더 많은 양을 할당하자 다른 사람이 관중을 비난했다. 하지만 포숙은 괜찮다며 이렇게 말했다. "관중이 나보다 가난하게 사니, 당연히 그가 더 많이 가져가야지요." 둘이 전쟁터에 나갔을 때 관중은 맨 뒤에 있었고 세 번이나 도망쳤다. 사람들이 관중을 겁쟁이라고 비난할 때도 포숙은 "관중에게는 노모가 있습니다. 그가 죽으면 누가 홀로 남은 어머니를 돌보겠습니까?"라고 옹호했다.

이들이 같이 정계로 진출한 이후에는 어떤 일이 생겼을까? 관중은 자신의 주군인 제나라 공자 규를 왕으로 앉히기 위해서 포숙의 주군(제나라 환공桓公)을 암살하려다가 실패했다. 그는 곧 처형될 위기에 처했다. 하지만 포숙은 그의 능력을 높이 사서 왕에게 관중을 등용하도록 추천했다. 관중은 포숙 덕분에 재상이 되었고 자신의 이상정치를 마음껏 펼치면서 제나라 환공이 '춘추오패'春秋五霸의 첫 번째 패자가 되도록 도왔다. 관중은 평생 자신을 믿고 이해해준 친구 포숙에 대해서 이렇게 말하며 감탄했다. "나를 낳아주신 분은 부모님이나 나를 이해하는 사람은 오직 포숙아로구나!"

백아절현도 마찬가지다. 백아의 거문고 연주를 정확하게 이해하고 알아주는 종자기가 죽자 백아는 거문고 줄을 끊고 다시는 음악을 연주하지 않았다. 이처럼 유익한 벗은 나를 이해하는 친구다. 물론 나 역시 친구에게 그런 존재가 되어야 한다.

친구를 제대로 이해하고 있는지, 그들에게 정직하고 성실하며 신의를 지키고 있는지 스스로를 돌아보자. 혹여 겉으로는 웃으며 속으로 그들이 잘되는 것을 질투하고 시기하고 있지는 않은가? 웃는 얼굴로 친구를 만나고 돌아와 다른 사람에게 친구의 험담을 하고 있지는 않은가? 그렇다면 인생을 다시 점검할 필요가 있다. 무엇이 나를 겉과 속이 다른 사람으로 만들었는지, 그 친구에게 느끼는 감정의 실체가 무언지 살펴봐야 한다. 친구를 위해서가 아니라 나 자신을 위해서 필요한 일이다.

좋은 친구를 얻고자 한다면 내가 먼저 좋은 친구가 되어야 한다. 일방적인 관계의 해법이란 없으니 말이다.

맞지 않는 사람과 억지로 함께하지 말라

공자께서 말씀하셨다. "충과 신을 중시하라. 자기보다 (덕행이) 못한 사람과 교류하지 말라. 과오가 있으면 고치는 것을 두려워하지 말아야 한다."

_〈학이〉 1.8

子曰 "主忠信, 無友不如己者. 過則勿憚改."
자왈   주충신   무우불여기자   과즉물탄개

공자가 충실하고 신의를 지켜야 한다고 말한 것은 그동안의 가르침과 흐름을 같이 한다. 나의 잘못이 있으면 고쳐야 한다는 것도 마찬가지다. 그런데 '무우불여기자'無友不如己者를 직역하면 "나보다 못한 사람과는 교류하지 말라."인데 이를 어떻게 해석해야 할까? 이와 비슷한 내용이 〈자한〉(9.24)에도 나온다. 우연의 일치겠지만 생각해 볼 만한 문장이다.

여기서 주의할 것은 나보다 못하다는 의미는 교육 수준이나 생활 수준이 떨어지는 사람이 아니라 '덕행이 떨어지는 사람'이라고 봐야 한다는 점이다. 바로 앞 문장에 "충과 신을 중시하라."는 말이 있기 때문이다. 즉 사람들에게 성실하고 진실하고 충실하고 신의를 지켜야 하는데, 나보다 못한 사람은 이를 지키지 않는 사람을 의미한다.

각자의 길을 가는 것도 좋은 관계의 해법이다

공자는 상대방을 포용해야 한다고 가르치며 "세 사람이 길을 가면, 그들 중에 반드시 나의 스승이 있다. 선한 사람을 따라 본받고, 선하지 못한 사람을 보고 고친다."(〈술이〉 7.21)라고 했다. 다시 말해 주변 사람들 중 선한 사람뿐만 아니라 그렇지 않은 사람에게서도 좋은 점과 나쁜 점을 배워야 한다는 의미다.

하지만 배운다는 것과 길을 계속 같이 간다는 것은 엄연히 다르다. 예를 들어 직장에서 좋은 상사와 고약한 상사를 만났다고 하자. 좋은 상사에게는 당연히 배울 것이 많다. 무엇보다 긍정적인 측면을 배울 것이다. 반면 안 좋은 상사에게서는 '그렇게 하면 안 된다'는 것을 배우며 그를 반면교사로 삼게 된다. 그런데 회사를 떠난 뒤라면 어떤가? 나쁜 상사와 계속 연락을 할 것인가? 당연히 그렇지 않을 것이다. 그는 나의 인간관계에서는 삭제되어야 할 존재다.

회사뿐만 아니라 친구, 동료, 선후배 관계도 모두 마찬가지다. 사회생활을 위해서 나의 선택과 상관없이 엮이는 것은 어쩔 수 없다.

하지만 선택할 수 있는 관계라면 문제가 있는 사람과 굳이 같이 있을 필요가 없다. 그런 사람은 나에게 계속 부정적인 에너지만 주기 때문이다. '그렇게 살지 말라'는 교훈도 한두 번이면 족하다.

조금 냉정하게 들릴 수 있지만 가치관이 다른 사람과는 힘들게 같이 갈 필요가 없다. 나와 다른 물에서 노는 사람을 함께 섞으려 하면 부작용이 생긴다. 물과 기름이 섞일 수 없는 것과 같은 이치다. 어떻게든 설득해서 나와 방향을 맞춰 나아가기를 원할 테지만 쉽지 않다. 사람은 웬만해서는 바뀌지 않는다. 그러니 맞지 않는 사람과 억지로 함께하려 애쓰지 말자. 그러면 서로가 피곤해지고 에너지만 낭비하게 된다.

만약 나는 책을 좋아해 친구들과 독서 모임을 하고 싶은데 친구들은 골프 모임과 그 후의 술자리를 훨씬 더 좋아한다면 어떻게 할 것인가? 그들을 설득해서 책을 읽게 하는 것도 좋지만, 그게 잘 되지 않는다면 애써 강요하지 않는 게 좋다. 그 친구들과는 다른 것을 공유하면 되고 독서 모임은 책을 좋아하는 다른 이들과 하면 된다.

그런데 친구끼리 공유할 수 있는 게 점점 없어진다면 그때는 문제가 된다. 나는 책에 더 깊이 빠지고, 친구들은 스포츠나 정치, 연예인, 주식 등의 주제에만 관심이 있다면? 나는 운동을 좋아하는 반면 친구들은 술자리를 더 좋아한다면? 하나부터 열까지 맞는 것이 없고 공유할 것이 없어진다면 갭이 생기고 점차 벌어지게 된다. 아마 친구들과의 관계도 전과 같지 않음을 느낄 것이다.

반면 공유할 것이 많아 코드가 더 잘 맞는 사람을 만난다면 어떨까? 책을 읽으면서 나의 의식이 성장할 때 같이 성장하는 사람들을 만난다면 공감대는 더욱 커질 것이다. 내가 생각한 부분, 내가 밑줄 그으며 공감한 부분을 상대방도 같이 공감했다면 너무 반가운 기분이 들 게 분명하다. 그러면 자연스레 그와 친구가 된다. 불교에서는 이러한 관계를 가리켜 함께 불법을 닦으며 수행하는 벗이라는 의미로 '도반'道伴이라 부른다. 뜻을 같이 하는 친구라는 의미다.

군이 불교가 아니더라도 이렇게 '함께' 추구하는 '가치'를 목표로 노력하는 사람들이 있다면 정말 큰 행운이다. 도반의 관계는 남녀노소 제약이 없다. 할아버지와 청년이 도반이 되기도 한다. 나이가 들었다고 무조건 깨달음을 얻는 것이 아니기에 그들은 나이나 성별에 관계없이 자신의 가치를 찾고 공부하며 깨달음을 얻는다.

친구는 꼭 나와 동갑일 필요는 없다. 나보다 어리거나 나이가 많아도 얼마든지 친구가 될 수 있다. '인생 친구'는 나이를 뛰어넘어 깨달음을 공유하고 정신적으로 연대하며 함께 성장하는 관계다. 나이, 지역, 직업 등의 경계를 넘는다면 내 삶의 스코프는 훨씬 넓어진다.

그러나 이때도 중요한 것은 역시 나 자신이다. 내가 나만의 가치를 위해서 노력하는 것이 핵심이다. 내가 현실을 부정하거나 불평하면서 미래에 대한 막연한 걱정, 과거에 대한 원망으로 가득 차 있다면 내 옆에는 그런 사람들만 남게 될 것이다. 좋은 이들이 내 곁에 머물 리 없다. 그러니 내가 먼저 올바른 가치관을 갖고 자기중심을 세워야 한다.

상처와 배신을 일삼는 사람은 관계 목록에서 삭제하라

이런 경우를 한번 생각해보자. 내가 충신忠信의 가치를 믿고 주변의 친구에게 진솔하고 충실했는데 그 친구가 나의 믿음을 배반했다면? 거짓을 일삼거나 나를 이용하려고만 한다면? 당연히 큰 상처가 된다. 그 사람을 용서하고 나와 같은 길을 가자고 설득하면 좋겠지만 설득이 안 될 확률이 높다. 오히려 내가 더 상처를 받을 수도 있다. 그럴 때는 서로 다른 길을 가야 한다. 그것이 '나'를 위한 길이다.

누군가는 이런 말을 할 수도 있다. "네가 순진해서 당한 거지, 그 사람을 탓할 게 뭐가 있어. 그렇게 약해빠져서 이 험난한 세상을 어떻게 살겠어?" 맞는 말이다. 세상은 꽤나 험난하고 믿었던 사람에게서 배신당하거나 상처받을 위험은 언제든 있다. 하지만 그렇다고 내가 믿는 가치를 저버려야 할까? 그들처럼 똑같이 배신하고 상처를 주며 진흙탕에서 굴러야 할 이유는 없다.

학처럼 고고하게 살라는 의미가 아니다. 어차피 이승에서는 누구나 흙탕물을 피할 수 없다. 다만 진흙탕을 진흙탕으로 인지하고 거기서 벗어나려 노력하는 것과 그것을 당연하게 여기는 것은 차이가 있다. 즉 '충신'의 태도를 손해라 생각하고, 거짓과 배신에 무감각해져서는 안 된다는 말이다. 사람에게는 타인에 대한 기본적인 예의란 것이 있으니, 그것을 지키는 건 당연한 도리다.

잃은 친구를 아쉬워할 필요는 없다. 상처 주고 배신하기를 밥 먹듯하는 사람이라면 이미 친구도 아니지 않은가. '충신'을 중요시하는 사람들로 주변을 채우도록 노력하자. 친구가 많아야 할 필요도 없다. 좋은 영혼을 가진 사람이라면 한두 명으로도 족하다. 지금 누구와 길을 가고 있는지 나의 인간관계를 돌아보자. 그리고 나는 그들에게 어떤 사람으로 존재하는지도 살펴볼 일이다.

곤경에 처할 때
비로소 알게 되는 관계의 진심

공자께서 말씀하셨다. "한겨울의 추위가 온 후에 소나무와 잣나무가 늦게 시든다는 것을 알 수 있다." _〈자한〉 9.27

子曰 "歲寒然後 知松柏之後彫也."
자 왈   세 한 여 후 지 송 백 지 후 조 야

우리 삶에는 굴곡이 있어서 그 누구도 평생토록 아무 걱정 없이 살기는 힘들다. 항상 편한 길로만 걷고 매일 행복하고 즐거운 일만 넘치는 삶은 있을 수 없다. 만약 누군가 그렇게 살았다 하더라도 그것이 행복한 인생인지는 의문이다. 살다 보면 좋은 날이 있고 또 그렇지 않은 날도 있게 마련이다. 이처럼 인생에는 희로애락이 있다. 힘든 날이 있어 좋은 날이 더 값지게 느껴지는지도 모른다. 그런데 매일 좋은 날들로만 채워진다면 그 의미를 제대로 알 수 있을까?

추워진 뒤에야 소나무와 잣나무가 늦게 시드는 것을 안다

말은 쉽지만 막상 곤경에 처하거나 슬픔에 빠지면 힘이 드는 것은 사실이다. 이 세상에 나 혼자만 있는 듯 외롭고 언제쯤 고통이 멈출지 힘에 겨웁다. 그럴 때 옆에서 조언을 해주거나 나의 이야기를 들어주는 사람이 있다면 큰 힘이 된다. 벼랑 끝에 서 있더라도 손을 내밀어주는 사람이 있다면 작은 희망이 생기는 것이다.

그런데 힘겨울 때 누가 손을 내밀지는 알기 어렵다. 그런 일이 닥치기 전까지는 말이다. 친한 사이라 믿었지만 막상 곤경에 빠졌을 때 외면하거나 모른 척하는 사람들이 있다. 절벽 끝에 서 있을 때 손가락으로 나의 등을 밀어서 떨어뜨리는 사람도 있다. 심지어 가깝다고 여겼던 사람들이 그럴 때도 의외로 많다. 그만큼 인간관계란 알 수 없는 것이다.

공자가 "한겨울의 추위가 온 후에 소나무와 잣나무가 늦게 시든다는 것을 알 수 있다."라고 말한 이유도 이와 같다. 힘든 시기에 그 사람의 진면목을 알 수 있다는 의미다. 평소 가깝게 지내며 절친이라고 생각했던 사람이 나를 배신하는 경우도 있지만, 반대로 그렇지 않은 경우도 있다. 그다지 가깝지 않은 의외의 사람에게서 도움을 받아 위기를 넘기기도 한다. 이러한 경험을 통해서 우리는 인간관계를 다시 한번 돌아보고 성숙해지는 계기를 맞는다.

관계의 진실함을 깨닫는 것이 중요하다

나는 지금도 동화를 읽으면서 많은 교훈을 얻는데 그중 《아들의 깨달음》이라는 책이 기억에 남는다. '진실한 관계'를 주제로 한 동화인데 아마 꽤 많은 이들이 알고 있는 이야기일 것이다.

어느 부잣집 아들이 친구 사귀는 것을 좋아하고 흥청망청 돈을 쓰면서 놀았다. 당연히 아들의 주변에는 늘 친구들이 구름처럼 몰려들었다. 하지만 아버지는 그런 아들의 미래가 걱정되었다. 그러던 어느 날 아들에게 이런 제안을 한다. "친구들에게 네가 사람을 죽였다고 하고 그들이 과연 너를 숨겨주는지 시험해보자." 아들은 아버지의 제안이 황당했지만 이번 기회를 통해 자신과 친구들의 우정을 과시하고 싶은 마음이 들었다. 그래서 아버지의 계획에 동참했다.

아들은 죽은 돼지의 시체를 사람인 것처럼 꾸며서 지게에 이고 친구를 찾아갔다. 매일 함께 술을 마시며 어울리던, 가장 친하다고 생각했던 친구는 그를 단번에 외면했다. 두 번째 친구를 찾아가도 마찬가지였다. 아들은 자신이 억울하게 누명을 썼다고 호소했지만 아무도 그의 말을 믿지 않았다. 처음에는 장난으로 시작한 일이었지만, 아들은 결국 크게 상처를 받고 말았다.

마침내 아들은 아버지와 함께 아버지의 친구 집으로 향했다. 아버지의 친구는 두말하지 않고 그 부자를 받아준 뒤 따뜻한 밥과 이 부자리를 마련해주었다. 그리고 친구 아들의 결백을 믿어주면서 관아에 같이 가자고 제안했다. 이러한 우정에 아들은 감격했고, 아버지는 죽은 돼지로 잔치를 벌였다고 한다. 해피엔딩이지만 왠지 모르게 씁쓸한 기분이 드는 이야기다.

덕을 베푼 사람에게는 권력이 사라져도 사람이 남는다

공자는 정치에 몸을 담았고 대사구(형조판서)라는 높은 벼슬에 올랐다. 하지만 국정을 쇄신하려는 노력이 모두 좌절되자 벼슬을 그만두고 유세를 떠나게 된다. 그는 가는 곳마다 환대는커녕 푸대접을 받았고 고달픈 시간을 보냈다.

학문의 대가로 올라선 지 오래고, 높은 관리까지 지낸 공자였지만 환갑이 넘어서 온갖 고초를 겪어야 했다. 여행지에서 만난 사람에게 수모를 당하고 생명의 위협도 받았다. 심지어 후대에 사마천이 쓴 《사기》에는 당시의 그를 두고 '상갓집 개'와 같은 처지였다고 기술돼 있다. 전 세계 4대 성인 중 한 명으로 불리는 공자에게는 치욕과 같은 말이다. 하지만 당시 상황을 봤을 때 그를 향한 사람들의 처우는 그보다 못했을지도 모른다.

한때는 권력의 중심에 있다가 사람도 아닌 짐승에 빗댄 수준의 대우를 받은 공자의 마음은 어땠을까? 도덕정치를 널리 알리기 위해서 최선을 다했지만 위정자 중에는 그를 알아주는 사람이 없었다. 하지만 다행히도 그에게는 믿고 따르는 제자들이 있었다. 일부는 가르침을 받아서 정계에 진출하기도 했다. 제자 중 자공은 공자의 유세 기간 동안 재정적으로 뒷받침했고, 자로는 든든한 보디가드가 되었다. 공자를 험담하는 사람들을 손봐주고 아무리 힘든 순간에도 곁을 떠나지 않았다. 그것은 단지 제자들이 훌륭해서만은 아니다. 공자가 제자들에게 베푼 '인' 덕분이다. 공자가 세상을 떠날 때도 제자들은 그의 곁을 지켰다. 자공은 공자가 세상을 떠나자 6년 상을 치렀다. 그만큼 스승을 존경했던 것이다.

부와 권력의 중심에 있던 사람이 그 힘을 잃게 되면 모래알처럼 주변의 사람들이 빠져나간다. 오죽하면 "양반집 개가 죽으면 온 마을 사람들이 문상을 오지만, 양반이 죽으면 아무도 문상을 오지 않는다."는 말까지 있겠는가. 그 사람 자체보다는 그가 지닌 힘과 권력을 따르는 사람들이 그만큼 많다는 의미다.

게다가 사회에서 꽤 높은 직책에 있다가 물러난 사람 중에는 퇴직 후 삶에 적응하지 못하는 경우가 많다. 물론 몇 개월 동안은 여행도 다니고 옛 지인들을 만나며 시간을 보낼 수 있다. 하지만 시간이 지나면서 더 이상 자신을 찾는 사람이 없음을 알게 된다. 더구나 일에 빠져서 가족을 등한시한 경우라면 가족에게서도 외면받는 경우가 꽤 있다. 비록 부와 명예를 가졌다 해도 예전의 권력이 사라지면 주변에 사람이 남지 않는다.

그렇기에 먼저 나의 덕을 살펴봐야 한다. 나는 사람들을 진심으로 대하고 있는가? 내가 대우받고자 하는 대로 남을 대우하는가? 많이 배려하고 베풀었는가? 혹여 내가 가진 것 때문에 사람들이 곁에 머무는 것은 아닌가?

힘들거나 어려울 때 주변에 사람이 없음을 한탄하기 전에 자신을 먼저 돌아볼 필요가 있다. 그동안 어떻게 살아왔는지, 사람들을 어떻게 대해왔는지를 말이다. 그리고 덕을 베푸는 것을 게을리하지 말아야 한다. 그래야 추운 겨울이 와도, 소나무나 잣나무처럼 나의 주변에서 마지막까지 버텨주는 사람들이 있을 것이다.

모두에게 사랑받는 사람,
그 환상에 대하여

공자께서 말씀하셨다. "마을 사람 중에서 선한 사람이 그를 좋아하고, 악한 사람이 싫어하느니만 못하다." _〈자로〉 13.24

子曰 "不如鄉人之善者好之 其不善者惡之"
자 왈 　 불 여 향 인 지 선 자 호 지 　 기 불 선 자 오 지

어느 날 자공이 이렇게 물었다.

"마을 사람들이 모두 좋아하는 사람은 어떻습니까?"

"아직 안 된다."

다시 자공이 물었다.

"고을 사람들이 모두 미워하는 사람은 어떻습니까?"

"아직 안 된다."

이때 공자는 명쾌하게 답을 제시했다.

"마을 사람 중에서 선한 사람이 그를 좋아하고, 악한 사람이 싫

어하느니만 못하다.”

모두에게 사랑받을 수는 없다

이 말은 결국 가장 좋은 사람은 고을 사람 중 좋은 사람들이 좋아하고, 나쁜 사람들이 싫어하는 사람이다. 즉 인과 덕을 갖춘 사람이라면 선한 사람들은 당연히 환호할 것이고 악한 사람들은 그를 험담할 것이라는 말이다.

예를 들어 청렴결백하고 백성을 사랑하는 관리가 한 고장의 수령이라고 해보자. 백성들은 자기네 고장이 안전하고 살기 좋다며 태평성대를 외칠 것이다. 반면 부도덕한 사람들은 이 관리를 눈엣가시처럼 여기며 미워할 수밖에 없다. 그에 의해 자기들의 부정부패가 드러날 테니 말이다. 여기에는 한 가지 문제가 있다. 악한 사람들은 교묘한 유언비어를 퍼뜨려서 청백리清白吏를 모함할 것이고, 제3자는 진위를 파악하기 어렵다는 점이다. 무엇이 진실인지 헷갈린다.

“방귀 뀐 놈이 성낸다.”는 격언처럼 자신의 잘못이 드러나기 전에 먼저 상대방을 모함하는 것은 악한 사람들이 제일 잘 사용하는 방법이다. 조작된 내용이나 덮어씌운 일일지라도 당사자가 아닌, 외부 사람들은 이를 제대로 알기 어렵다. 결국 누가 잘했고 잘못했는지 시시비비를 따지기 힘들게 만들어버린다.

사실 아무리 선한 사람이라 해도 모든 사람에게 사랑받을 수는 없다. 분명 어딘가에는 시기하거나 질투하는 사람들이 있다. 혹은 별다른 이유 없이 그냥 잘 맞지 않는 데다 왠지 불편하고 껄끄러운 사람도 있을 수 있다. 별다른 잘못을 한 적이 없는데 모함 당하거나 오해를 받아 억울했던 기억이 다들 있을 것이다. 내 삶과 마음을 모두 열어서 보여줄 수 없기에 이런 일들이 종종 일어난다.

제일 중요한 것은 내가 인과 예의 원칙에 준해서 행동하고 있느냐다. 공자가 수제자 안연에게 말한 것처럼 '예가 아니면 보지 말고, 듣지 말고, 말하지 말고, 실행하지 말아야'(〈안연〉 12.1)한다. 나의 마음과 행동이 떳떳하다면 누군가 나를 중상모략해도 나를 믿어주는 사람들이 있게 마련이다. 그러니 평소 스스로에게 부끄러움이 없는 행동을 하는 것이 중요하다.

나에 대한 모함과 험담은 잡음으로 흘려버려라

모든 사람에게 사랑받는다는 것은 판타지에 가깝다. 그런 일은 누구에게도 일어나지 않으니 너무 신경 쓸 필요 없다. 사랑을 받기 위해서 노력하더라도 누군가에게서는 반드시 미움을 받게 마련이다. 그 점은 언제나 염두에 둬야 한다. 별다른 이유 없이 미움을 받을 수도 있고, 의도적으로 모함을 받을 수도 있다. 단순한 성향 차이에서부터 아주 사소한 질투나 혹은 이해관계에서 오는 갈등까지 그 이유도 다양하다.

더구나 친구라 믿었던 사람, 혹은 가까운 동료로 여겼던 이들에게 그런 일을 당하면 배신감을 느낄 수 있다. 그렇다고 일일이 잘잘못을 따지고 들자니 관계가 너무 피곤해진다. 사실 이럴 때 할 수 있는 것은 별로 없다. 잘못된 것에 대해선 진실이 아님을 밝히고, 그 외엔 묵묵히 내가 믿는 가치를 지키며 갈 길을 가는 수밖에 없다. 오해가 풀려 믿어주면 좋지만 그렇지 않아도 어쩔 수 없는 부분이 있다. '눈에는 눈, 이에는 이'라는 태도로 진흙탕 싸움을 벌이지 않을 것이라면 말이다.

다행인 것은 그래도 여전히 나를 지지하는 사람들이 있다는 점이다. 《미래식당으로 오세요》의 저자는 새로운 식당 사업을 시작하면서 다음과 같은 법칙을 실제로 체험했다고 한다. 바로 20퍼센트 정도의 사람은 나를 헐뜯으며 비방하고, 20퍼센트는 나를 지지하고, 60퍼센트는 관심이 없다는 '2:2:6의 법칙'이 그것이다.

나에 대해 부정적인 20퍼센트의 사람들 때문에 에너지를 쏟아부을 필요는 없지 않을까? 나를 싫어하는 사람 20퍼센트는 기본적으로 존재한다 생각하고 무시하는 것도 좋은 방법이다. 나를 싫어하거나 미워하는 이들의 감정은 그들 몫으로 남겨두고 나는 내 갈 길을 가는 것이다. 그것에 얽매이면 나의 문제가 되지만 관심을 끊으면 그건 그들의 문제로 남는다.

나에게 악의적인 사람보다는 좋은 사람들에게 에너지를 쏟도록 하자. 나를 지지해주고 진심을 나누는 사람들에게 집중하면 된다. 좋은 사람들에게 관심과 에너지를 쏟기에도 인생은 모자라다. 잡음은 그냥 흘려버리면 된다.

아첨과 진심은
어떻게 구분되는가

공자께서 말씀하셨다. "내가 군주를 섬기는 데 예를 다하는 것을 사람들은 아첨이라고 여긴다." _〈팔일〉3.18

子曰 "事君盡禮 人以爲諂也."
자 왈　사 군 진 례 인 이 위 첨 야

공자는 군주에 대한 예의를 중요시했다. 임금이 없을 때는 강직하고 부드럽게 자신의 의견을 기탄없이 이야기했다. 임금이 있을 때는 공경하면서 삼가는 듯하였다.(〈향당〉鄕黨 10.2)

이뿐만 아니다. 입궐할 때도 문지방을 밟지 않고 발걸음을 빨리 옮겼으며 몸가짐을 바르게 했다. 임금이 음식을 하사하면 반드시 자리를 바르게 하고 먼저 맛을 봤다. 병이 들어 임금께서 방문하시면 머리를 동쪽으로 향했고(임금이 동쪽에서 걸어오기 때문이다), 조복을 몸에 걸치고 있었다. 좋을 때나 안 좋을 때나 임금에 대한 예를 지키기 위해서 최선을 다하는 모습이었다.

하지만 그의 이러한 순수한 마음과 다르게 뒤에서 그를 흉보는 사람들이 있었다. 자신의 도리와 지켜야 할 자세를 다하고자 하는 좋은 의도에서 한 행위지만 남들 눈에는 단순히 있는 그대로 보이지 않았던 것이다.

중간관리자들이 아부꾼으로 낙인 찍히는 이유

우리는 대부분 내가 하면 문제가 없지만 남이 하면 문제가 있다는, 지극히 자기중심적인 착각 속에 산다. 심지어 자식에 대해서도 마찬가지다. 내 아이가 다른 아이를 다치게 하면 그것은 정당방위라고 생각한다. 누가 봐도 내 아이의 잘못임이 분명한데 "우리 애가 그럴 리가 없어요."라며 끝내 그것을 믿지 않으려 한다. 내가 잘못한 것은 무슨 일이 있어도 인정하고 싶지 않은 마음, 어쩌면 이것이 인간의 본능적 심리인지도 모르겠다.

회사에서도 윗사람한테 유난히 잘하는 사람이 있다. 상사가 갑자기 저녁을 먹자고 하면 개인 약속을 취소하고 한달음에 달려간다. 그러한 모습을 보면서 다수의 사람들은 아첨과 아부라며 씁쓸한 미소를 짓거나 불만을 토로한다. 하지만 다른 관점에서 살펴보자. 어쩌면 그 사람은 그저 상사에게 '최선'을 다한 것일 뿐 다른 의도는 없었는지도 모른다. 그는 상사에 대한 예의를 다한 것이고 어떻게 보면 순수한 마음에서 우러난 행동일 수도 있다.

그러면 예를 들어 좀 더 살펴보자. 여기 회사원 A가 있다. 회사의 지침에 충실하고 위에서 내려온 업무를 열심히 수행하며 온몸을 바쳐서 일했다. 야근을 일삼았지만 스스로 자랑스러웠다. 누구처럼 업무 외적으로 아부하지 않았고 성심껏 일했으며 심지어 남들이 귀찮아하는 일도 도맡아 했으니 말이다. 그는 자신이 하는 행위는 아부가 아니라고 생각했다. 단지 내가 하는 일에 최선을 다하는 것이라 여겼다.

그런데 그는 어느새 '아부꾼'이 되어 있었다. 술자리에서는 도마 위의 생선처럼 사람들에게 난도질당했다. 위에서 오더가 내려왔다 해도 아닌 것은 아니라 말하고, 저항할 것은 저항해야 하는데 잘 보이고 싶은 마음에 무조건 시키는 대로 했다는 이유에서였다. 그것이 아첨과 아부가 아니고 뭐냐며 비난했다. 정말 난감한 경우다. 그는 사적으로 상사에게 아부를 한 적이 없다. 위에서 떨어진 일이었고 분명히 누군가는 해야 할 일이었다. 오히려 다른 사람들 대신 자기 시간을 할애해 일을 처리했음에도 억울하게 매도를 당한 것이다.

특히 조직의 중간관리자가 되었을 때 이처럼 난감한 상황에 빠지는 일이 자주 일어난다. 회사를 위해서 최선을 다했고, 다른 직원을 대신해 일했음에도 억울하게 아부꾼으로 낙인이 찍혀버리는 것이다.

합리적이고 현명하게 소통하는 것도 능력이다

대체 무엇이 문제였을까? 우선 다른 사람들의 이야기에 귀를 기울였어야 한다. 업무상 하달된 일이라면 개인의 일이 아니므로 조직 구성원들과 논의할 필요가 있다. 혹여 부당하게 주어진 일이라거나 그 팀에서 맡아 해야 할 일이 아니라면 재고를 했어야 한다. 중요한 업무라 할지라도 그 본질을 파악하고 해야 할 일인지 아닌지를 판별하는 것은 중요하다. 시키는 대로 무작정 일을 하는 것이 최선은 아니기 때문이다. 부당한 일이라면 상사와 의논해서 다른 대안을 찾아야 한다.

반대의 경우도 마찬가지다. 직원들이 업무상 불만이 있거나 조정이 필요하다고 건의를 하면 대화를 통해서 풀어야 한다. 설사 그 직원이 잘못하고 있는 것이라 해도 강압적인 명령이나 일방적 지시는 적절치 않다. 대화를 통해 문제를 찾아내고 합리적인 해결책을 찾는 게 현명한 태도다. 다소 시간이 걸리더라도 이성적으로 소통하고 대안을 찾는 건 매우 중요한 일이다.

결국 핵심은 진실하고 이성적인 소통에 있다. 윗사람이든 아랫사람이든 일방적인 소통은 문제가 된다. 다른 의견이 있다면 토론해서 합의점을 찾고, 문제가 있다면 해결책을 찾기 위해 의견을 나누어야 한다. 특히 중간관리자가 되었을 때는 이런 조정자 역할을 잘 수행해야 한다.

진실한 소통이 중요하다고 해서 그것 외에 다른 것은 중요하지 않다는 의미가 아니다. 회사를 다니다 보면 누구나 승진을 꿈꾸고 더 많은 연봉을 받기를 원한다. 그러다 보면 경쟁 심리도 작용하고 나보다 다른 이가 잘되기를 바라는 천사표 마음을 갖기는 어렵다. 그러나 목표가 오로지 '입신양명'이 되어서는 안 된다는 뜻이다. 궁극적인 목표는 회사의 안녕, 그리고 구성원의 발전과 행복이어야 한다.

다소 고리타분하게 들릴지 모르겠지만 나만 잘되겠다는 마음이 아니라 조직과 함께 성장하겠다는 마음이 필요하다. 자기 이익만 생각하는 사람과 모두 함께 성장하기를 바라는 사람의 마음가짐, 그리고 행동은 분명 다를 수밖에 없다.

욕심쟁이, 아첨쟁이는 조직 문화를 망가뜨린다

마지막으로 정말 하지 말아야 할 것이 있다. 아첨을 많이 하는 사람일수록 나중에 상사나 부하들에게 바라는 것이 많아진다. '내가 이만큼 했으니 너도 이만큼을 줘야 한다'는 보상심리가 작용하기 때문이다. 그만큼의 의전을 후배에게 원한다. 이런 사람들은 회사에서 제공하는 온갖 혜택을 자신이 독식하고, 정작 부하직원의 복지에는 무심하고 인색하다. 자기 배 채우는 데만 혈안이 되어 남의 사정은 돌아보지 않는 것이다. 그렇다고 낙심할 필요는 없다. 세상은 변하고 있으며 아첨이나 인맥에 연연하는 사람은 점점 발붙일 곳이 줄어들고 있으니 말이다. 학연이나 지연에 연연하던 문화를 쇄신해 능력과 소통을 더 우선시하는 기업들이 늘어나는 추세다.

공자의 말처럼 예를 다해 윗사람을 대하는 것은 필요한 일이다. 인생 선배, 직장 상사 등에게는 나보다 훨씬 더 오래 살아오면서 쌓인 연륜과 지혜가 있다. 존경할 만한 사람이라면 더욱 예를 지켜야 한다. 그렇다면 윗사람에게만 그래야 할까? 후배에게도 예를 다하는 것은 마찬가지다. 공자도 임금은 신하를 예로써 다스려야 한다고 말했다(〈팔일〉 3.19). 나이가 많든 적든 인간에 대한 예의를 지키는 것은 가장 기본적인 태도다. 그리고 최대한 예를 갖춘 사람이라면 진심이 오해받는 일도 줄일 수 있다.

공자가 말한 사귀지 말아야 할 벗은 '앞에서는 아첨하거나 줏대가 없거나 말만 앞서는 벗'이다(〈계씨〉 16.4). 즉 겉과 속이 다른 사람을 일컫는다. 아첨과 진심의 차이는 바로 여기서 구분된다. 조직에서든 개인적인 인간관계에서든 앞과 뒤가 다른 사람은 조심해야 한다. 그들에게는 진심이 없기 때문이다.

굳건한 믿음은
거센 폭우도 이겨낸다

공자께서 말씀하셨다. "사람으로서 믿음이 없으면 그것이 올바른지 알 수 없다. 큰 수레에 끌채의 멍에가 없고 작은 수레에 끌채 끝이 없는데, 어떻게 움직일 수 있겠는가!"
_〈위정〉 2.22

子曰 "人而無信, 不知其可也. 大車無輗,
자 왈   인 이 무 신   부 지 기 가 야   대 차 무 예

小車無軏, 其何以行之哉?"
소 차 무 월   기 하 이 행 지 재

공자는 말이나 소를 연결할 멍에가 없다면 수레를 움직일 수 없다고 말했다. 멍에를 단단하게 고정해야 수레를 끌 수 있다. 이 부분이 약하면 언제든지 말과 수레의 이음새는 끊길 수 있다. 사람 간의 관계도 마찬가지다. 멍에는 곧 '신뢰'다. 신뢰가 끊어지면 사람과의 관계도 끝난다. 멍에가 수레를 끄는 데 꼭 필요한 부분인 것처럼 신뢰도 마찬가지다.

백성의 신뢰를 잃은 리더는 무력하다

'믿는다'는 뜻의 한자 '신'信을 보면 '말씀 언'言 옆에 '사람 인'人이 있다. 그만큼 사람의 '말'은 무엇보다 중요하다는 의미다. 말 하나에도 신중하고 말로 내뱉은 것은 반드시 지켜야 믿음을 얻을 수 있다.

공자는 무엇보다 신뢰를 중요시했다. 〈안연〉(12.7)을 보면 자공이 공자에게 정치에 대해서 질문하는 대목이 나온다. "스승님, 정치를 잘하려면 무엇이 필요한가요?" 그의 질문에 공자는 "식량을 충분히 하는 것, 병사와 무기를 충분히 하는 것, 백성들을 믿게 하는 것이다."라고 답했다.

호기심 많고 당돌한 자공은 멈추지 않고 추가 질문을 던졌다.

"반드시 부득이하게 버려야 한다면 이 세 가지 중에서 어떤 것이 먼저입니까?"

"병기를 버려야 한다."

"남은 두 가지 중에서 반드시 버려야 한다면 어떤 것이 먼저입니까?"

"식량을 버려야 한다. 예로부터 사람은 모두 죽는 법이지만, 백성이 신뢰하지 않으면 나라는 존립할 수 없다."

공자의 마지막 대답에서 알 수 있듯이 그는 국가 지도자들이 정치를 함에 있어 가장 중요한 것으로 백성의 신뢰를 들었다. 하지만 춘추시대 말기인 당시는 어떠했을까?

백성의 신뢰를 얻는 정치와는 거리가 먼 형국이었다. 소위 강대 국이라는 제나라, 오나라, 월나라, 두 개의 진나라, 초나라는 상대 적으로 약소국인 노, 정, 위, 송, 진, 채 등을 끊임없이 괴롭혔다. 군사력을 앞세워서 무력 투쟁을 지속하다 보니 백성들의 삶은 점점 피폐해졌다.

이처럼 영토를 넓히기 위한 수단으로 백성을 이용하면 어떻게 될 까? 국가나 위정자가 자신들을 사랑하지 않으니 목숨을 다해 나라 를 지키려 하지 않을 것이다. 당연히 나라를 버리고 떠나는 백성이 많을 수밖에 없다. 춘추시대 이후, 중국에 수많은 왕조가 들어섰지 만 진정으로 백성에게서 지지를 받은 황제나 왕은 그리 많지 않다. 자신의 욕심에 눈이 먼 권력자들이 백성과의 신뢰를 휴지조각처럼 여겼기 때문이다.

고객은 신뢰하는 기업에게 기꺼이 비싼 값을 지불한다

회사도 마찬가지다. 회사의 관점에서 보면 병기와 무기는 제품과 서비스, 식량은 자산이다. 백성과의 신뢰는 고객의 신용과 믿음이 다. 평소 회사의 실적이 좋을 때는 이러한 것의 우선순위가 눈에 잘 띄지 않는다. 회사는 좋은 제품과 서비스를 제공하고, 고객은 그것 을 이용한다. 자연스레 회사의 자산은 갈수록 늘어난다.

하지만 자공이 던진 질문처럼 이 중에서 반드시 지켜야 할 것을 선택해야 하는 상황이라면 무엇이 먼저여야 할까? 제품과 서비스, 자산, 고객의 신뢰. 많은 이들이 '고객의 신뢰'라고 대답할 것이다. 맞는 답이다. 그러나 실제로 고객의 신뢰를 위해 얼마나 최선을 다하는지 의문이다.

미나기 가즈요시의 저서 《이나모리 가즈오, 그가 논어에서 배운 것들》은 경영의 신 이나모리 가즈오 회장의 말을 다음과 같이 전했다.

"고객에게 신뢰와 존경을 받는다면 설령 다른 회사가 같은 제품을 더 싼 가격에 판매한다고 해도 걱정할 일이 없다. 틀림없이 고객은 신뢰하고 존경하는 회사의 상품을 선택할 것이기 때문이다."

말과 행동이 일치할 때 신용이 생긴다

신용은 '믿음의 정도'나 '재화의 대가를 앞으로 치를 수 있음을 보여주는 능력'이라는 뜻이다. 그렇기 때문에 신용카드라는 말이 생겼다. 사회에서 신용은 필수다. 우리가 누군가를 평가하거나 이야기할 때 제일 중요시하는 것도 바로 신용이다. 신용이 좋은 사람은 평판도 좋고, 사회에서 인정을 받는 경향이 있다. 반면 그렇지 않은 사람의 평판은 좋을 리 없고 사람들이 가까이하려 들지 않는다.

신용은 말과 행동으로 이루어진다. 즉 말하는 것과 행동이 일치해야 한다. 물론 쉽지는 않다. 입 밖으로 내뱉은 말을 모두 지키면 좋겠지만 간혹 그렇지 못할 때도 있다. 이때는 솔직하게 이야기하는 것이 가장 좋은 방법이다. 실수를 거짓으로 감추려 하는 것은 작은 문제를 키우는 가장 나쁜 태도다. 쉽게 해결될 일이 구르고 굴러 스노볼처럼 커질 수 있기 때문이다.

국민의 국가에 대한 신뢰, 고객의 기업에 대한 신뢰, 나와 남에 대한 신뢰 등 신뢰는 예나 지금이나 언제든 큰 화두였다. 처음 신뢰를 쌓기는 힘들지만 일단 신뢰를 쌓으면 혜택도 많다. 믿음이 탄탄한 친구라면 작은 실수를 해도 곡해하지 않고 응원과 지지를 보낼 것이다. 고객들은 자신이 믿는 기업이라면 제품 가격이 조금 비싸더라도 기꺼이 그 비용을 지불할 것이다. 국민에게 믿음을 주는 지도자라면 나라가 위기에 처했을 때 국민들이 먼저 마음을 모아 나라를 지키려 들 것이다.

자공이 공자에게 묻고 싶은 것이 바로 이와 같았다. 과연 나라, 회사, 나에게 가장 중요한 가치는 무엇인가? 그 중심에 '믿음'이 있다. 굳건하게 자리한 믿음은 거센 폭우도 이겨낼 수 있다.

{ 마음을 다스리는 논어 한 줄 }

"인자는 자기가 서고자 하면 다른 사람들을 함께 일으켜 세우는 사람이다. 또한 일을 이루고자 하면 다른 사람들도 함께 이루게 하는 사람이다."
〈옹야〉6.28

한글 필사 :

_____

_____

_____

나의 생각 :

_____

_____

_____

"유익한 벗은 세 종류가 있고, 해로운 벗도 세 종류가 있다. 정직하고, 성실하고 신의가 있고, 식견이 넓은 벗이 유익하다. 아첨하거나 줏대가 없거나 말만 앞서는 벗은 손해만 끼친다." 〈계씨〉16.4

한글 필사 :

_____

_____

_____

나의 생각 :

_____

_____

_____

"충과 신을 중시하라. 자기보다 (덕행이) 못한 사람과 교류하지 말라. 과오가 있으면 고치는 것을 두려워하지 말아야 한다." 〈학이〉 1.8

한글 필사 : _____

_____

_____

나의 생각 : _____

_____

_____

_____

"한겨울의 추위가 온 후에 소나무와 잣나무가 늦게 시든다는 것을 알 수 있다." 〈자한〉 9.27

한글 필사 : _____

_____

_____

나의 생각 : _____

_____

_____

_____

제4장

성찰
省察

멈춰서
돌아보라

마음의 여유를 잊지 않는
삶의 품격

공자께서 한가로이 계실 때는 마음이 조화롭고 그 모습은 평화스러웠다.

_〈술이〉 7.4

子之燕居 申申如也 夭夭如也.
자 지 연 거 신 신 여 야 요 요 여 야

공자는 무관이었던 아버지가 일흔에 가까운 나이에 낳은 늦둥이였
다. 세 살이 되던 해 아버지가 돌아가셨으니 얼굴은 기억조차 나지
않았다. 어머니는 아버지와 정식 혼인을 하지 않았기에 한마디로
공자는 사생아였다.

사마천은 《사기》의 '공자세가'에서 이들 부모의 관계를 야합野合
이라고 표현했다. 정상적인 혼인을 통해 맺어진 부부 관계가 아님을
의미한다. 당연히 아버지가 돌아가신 후 아무런 유산도 받지 못해
집안 형편은 어려웠다. 엎친 데 덮친 격으로 어머니까지 눈이 멀게

되자 공자는 온갖 비천한 일을 마다하지 않으며 생계를 책임졌다.

곤궁해도 견고한 마음을 잃지 말라

공자는 힘든 환경 속에서 거칠게 살면서 한 가지 목표를 갖게 되었다. 입신양명의 뜻을 세우고 학문에 매진한 것이다. 공자가 말한 입신양명은 '자신의 몸을 바르게 세우고 바른 도를 행하여 이름을 후세에 드날림으로써 부모님을 드러나게 해드리는' 효의 마지막을 일컫는다.

공자의 삶은 불우했다. 처절하게 가난했던 그는 어릴 적부터 세상의 온갖 일을 경험하면서 정신적으로 더욱 성숙했다. 학문을 통해서 깨달음을 얻고는 도덕정치를 실현해 세상을 바꾸고자 했다. 학교를 다니지 못했고 스승도 없었지만 스스로 학문에 정진해 30세에 마침내 뜻을 세우고 후학을 양성하기 시작했다. 바라던 벼슬 자리에 올라 도덕정치의 실현이 눈앞에 다가오는 듯했다.

하지만 세상일은 그의 뜻대로 되지 않았다. 노나라를 위해서 정치적으로 기여했음에도 중임되지 못한 그는 14년간 세상을 주유하면서 자신의 이상정치를 펼칠 곳을 찾아다녔지만 끝내 뜻을 이루지 못했다.

그러나 공자는 의연했다. 심지어 목숨이 위태로운 적도 있었지만 조급해하지 않았으며 태연자약한 태도를 유지했다. 위나라의 영공을 떠나서 송나라로 갔으나, 그곳에서 살해의 위협을 당해 진나라로 향했을 때다. 양식이 다 떨어지고 제자들은 병이 들어 일어날 수조차 없었다. 상황이 이러하니 성격 급한 자로가 스승에게 대들었다. "군자도 곤란해질 때가 있습니까?" 이때 공자는 여유 있게 대답했다. "군자는 곤란해도 마음을 견고하게 지키나 소인은 곤란하면 무슨 짓이든 다한다."

그는 비록 크게 출세하지는 못했지만 최선을 다해 후학을 양성하며 뜻을 펼쳐나갔다. 예순 살에는 순리대로 받아들이고, 일흔 살에는 하고 싶은 대로 해도 법도에 어긋나지 않았다. 공자는 제자들에게 "다른 사람이 자신을 알아주지 않는 것을 걱정하지 말고, 내가 다른 사람을 알지 못하는 것을 걱정해야 한다."라고 당부했다. 세상의 도리에 맞춰 살면서 제자들에게 자신이 염원하는 도덕정치를 설파하는 삶을 소명으로 받아들인 것이다.

온화하면서도 엄숙한 삶의 자세

"신신여야 요요여야."申申如也 夭夭如也 제자들이 본 공자의 평소 모습으로, 《논어》를 읽으면서 가장 인상 깊었던 문구 중 하나다. 거구의 공자가 홀로 조용히 정자에 앉아서 저 멀리 산을 바라보는 모습이 눈에 선하다. 마음에 여유가 있고 유유자적하면서 평화로웠던 공자는 세상에 초연했다.

하지만 그의 삶은 유년기부터 굴곡졌고 말년에는 큰 상심을 겪었다. 아들 공리가 죽고, 이어서 가장 아끼던 제자 안연도 잃었다. 듬직한 제자이면서 친구 같았던 자로는 위나라의 내분에 휘말려서 처참하게 살해당했다. 인생의 황혼기에 또다시 큰 슬픔을 겪은 공자의 마음은 어땠을까?

공자의 이런 성품은 〈술이〉(7.37)에도 등장한다. 온순하고 인자하면서도 엄숙했고, 위엄이 있으면서도 사납지 않았으며, 예의 바르면서도 편안했다고 한다. 즉 전형적인 외유내강의 모습이었다. 물론 그도 도가 아닌 것에 대해서는 질책하고 화를 낼 때도 있었지만, 부와 명예를 탐하지 않고 도를 닦는 모습은 아름다웠다.

이런 그에게도 쓴소리를 한 학자가 있었다. 공자가 30대에 가르침을 얻기 위해서 노자를 찾아간 적이 있었다. 노자는 공자의 사상인 인과 예가 자연의 법칙에 어긋나는 인위적인 것이라면서 "당신은 교만과 욕망, 위선적인 표정과 끝없는 야심을 버려야 합니다."라고 일갈했다. 공자는 자신이 추구하는 이상과는 다른 길을 가는 노자의 말도 경청했다. 그러면서 여전히 사람은 인으로 대하고, 예를 가르쳐서 교화해야 한다는 믿음을 갖고 정진했다.

공자처럼 파란만장한 삶을 산 학자도 흔치 않다. 하지만 그처럼 온화하고 엄숙한 삶의 자세를 잃지 않으면서 자신의 소명을 위해 정진한 사람도 없다. 남에게 인정받지 못하더라도 노력을 멈추지 않는 삶의 자세와 처절한 상심 속에서도 자비와 사랑을 잃지 않는 그의 정신은 세월을 뛰어넘어 큰 울림을 준다.

나를 극복한다는 것,
사랑을 잃지 않는다는 것

> 안연이 인에 관해 여쭙자, 공자께서 말씀하셨다. "자기를 극복하고 예로 돌아가면 인이 된다. 하루라도 자신을 극복하여 예로 돌아가면 천하가 인으로 돌아가게 될 것이다." _〈안연〉 12.1
>
> 顔淵問仁子曰 "克己復禮爲仁,
> 안 연 문 인 자 왈　　극 기 복 례 위 인
>
> 一日克己復禮 天下歸仁焉."
> 일 일 극 기 복 례　천 하 귀 인 언

하루는 공자의 수제자 안연이 인에 대해서 묻자 공자는 '극기복례'를 강조했다. 개인적인 욕망과 욕심을 극복하고 예의범절, 즉 도덕적 사회질서와 사회 규범을 따라야 한다고 말했다.

그렇다면 여기서 말하는 욕심이란 무엇인가? 욕심은 '분수에 넘치는 것을 탐하는 마음'을 일컫는다. 거짓으로 남들에게 잘 보이고 싶은 허영심, 남이야 어떻게 되든 내 것만 챙기려는 이기심 등이 그러한 마음을 가리키는 예다.

욕심과 욕구는 다르다

사실 욕심은 인간의 기본적인 감정이다. 한편 우리가 열심히 일하고 공부하는 것은 더 잘 살고 싶은 욕구가 있기 때문이다. 욕구는 건전한 바람이고 욕심과는 다르다. 남들이 선망하는 좋은 직업을 갖고 싶다는 바람은 나의 목표이면서 마음속 깊은 곳의 욕구다. 욕구는 나의 가치관에서 발휘되어야 한다. 내가 사는 이 세상에서 누군가를 돕고 싶고, 나와 주변 사람들의 성장과 발전에 기여하고 싶고, 후대에 좀 더 좋은 세상을 물려주고 싶다는 삶의 태도. 이처럼 욕구는 세상을 대하는 자신만의 태도가 담긴 선택에 기반한다.

하지만 욕심은 다르다. 그야말로 자신만을 위해 살고자 하는 것이다. 욕심쟁이는 남들보다 더 많은 것을 누리고 권력을 휘두르며 세상을 향해 큰소리치는 삶을 지향한다. 이렇게 사리사욕을 목표로 하는 사람들은 예에 대한 개념도 별로 없다. 그저 내가 이룬 것을 마음껏 누리고 과시하는 데에 골몰한다. "내 노력으로 이룬 부와 명예인데 무슨 상관이야." 이렇게 큰소리를 치는 사람도 있다. 자기보다 못하다고 무릎을 꿇리는 사람, 화가 난다고 면전에 물건을 던지는 사람, 갑의 위치에서 입에 담지 못할 욕설을 하는 사람 등 천태만상이다.

상대방에게 예를 갖추지 못하는 것은 결국 나의 욕심에 스스로 무릎을 꿇었기 때문이다. 욕심을 채우기 위해서는 악마에게도 영혼을 팔 기세다. 이러한 욕심이 무서운 진짜 이유는 '참된 나'를 잃어버리기 때문이다. 내 마음속 깊은 곳에 있는 선한 마음을 사라지게 한다. 그나마 죽기 전에 이 사실을 깨달으면 다행이다. 하지만 어떤 사람은 죽음 앞에서도 그 욕심을 내려놓지 못하고 끝내 자손들에게 유산으로 욕심을 물려준다.

욕심은 블랙홀과 같다. 끊임없이 빨아들이며 죽을 때까지 하나라도 더 움켜쥐려고 안간힘을 쓰게 한다.

욕망을 이기고 예를 실천하라

공자의 수제자 염유는 오랫동안 공자를 따라다니면서 많은 가르침을 얻었다. 염유는 뛰어난 행정가였고, 공자의 추천으로 노나라의 세도가인 계씨 가문에 등용되었다. 나중에 공자가 14년간의 유세를 끝내고 다시 노나라로 돌아올 수 있도록 조치한 사람도 그였다.

그런데 그가 계씨 가문의 재산을 불리기 위해서 증세 정책을 쓰자 공자는 진노했다. 백성들의 안위를 먼저 생각하는 공자의 사상과는 정반대의 행동이었기 때문이다. 《논어》에서 언급되는 공자는 인자하고 자상하게 훈계하는 모습이 대부분인데 이 대목은 깜짝 놀랄 정도의 노여움을 보여준다.

"염유는 더 이상 나의 제자가 아니다. 너희들은 북을 울려서 그의 잘못을 따져야 한다."

_〈선진〉先進 11.16

그것은 자신의 뜻을 거스른 제자에 대한 섭섭함이자 이미 주나라의 제후보다 더 부유한 계씨 가문의 주머니를 채워준 것에 대한 분노였다. 비록 염유가 자신의 주인을 위해서 충성을 다한 것이라고 해도 그로 인해 수많은 백성들은 고난의 세월을 보낼 수밖에 없었으리라.

공자의 수제자였던 염유가 이러했으니 보통 사람들은 어떠했을지 짐작이 간다. 그만큼 사람의 욕심이란 종착지가 없다. 부와 지위, 명예를 과시하고 우월함을 자랑하고 싶은 욕망은 끝없이 들끓는다. 문제는 거기서 끝나는 것이 아니라는 점이다. 내가 쌓은 욕망의 탑이 무너질까 봐 두려워하기 시작하면, 그것을 지키기 위해 온갖 갑질과 부정도 서슴지 않게 된다. 공자가 제자들에게 '극기'와 '복례'를 통해 상대방을 배려하며 살기를 바랐던 이유도 여기에 있다.

공자의 당부를 떠올리며 단 하루라도 욕심을 이겨내고 예를 갖추는 노력을 해보자. 지금 내가 갖고 있는 것은 언제든지 사라질 수 있는 재와 같다. 그러니 오직 움켜쥐어야 할 것은 나와 남을 사랑하고 자비를 베푸는 인의 정신일 것이다.

인간은 한없이
약하고 불완전한 존재다

공자께서 말씀하셨다. "과오가 있어도 고치지 않으면, 이것은 큰 잘못이라고 할 수 있다."

_〈위령공〉 15.29

子曰 "過而不改, 是謂過矣."
자 왈   과 이 불 개   시 위 과 의

'그때 왜 그런 생각을 했을까? 왜 그런 말도 안 되는 실수를 저질렀을까?' 이처럼 사람은 누구나 실수를 저지르고 실패를 경험하고 좌절을 느낀다. 그 순간에는 세상이 끝난 것 같고 하늘이 무너져 내려앉는 것만 같다. 그런데 시간이 지나면 점차 그 기억도 희미해진다. 인간이 지닌 '회복탄력성' 때문이다. 물론 그 회복탄력성이 제대로 작용하지 않는 사람은 오랜 기간 고통에 시달리고 영영 재기하지 못하는 경우도 있다. 이처럼 사람마다 정도의 차이는 있겠지만 이젠 다 끝났다고 생각했던 실패도, 가슴을 억누르는 돌덩어리 같은 걱정거리도 시간이 지나면 흐려지고 옅어진다.

매일 실수하고 후회해서 인간이다

이 세상에 완벽한 사람은 없다. 위대한 성인이라 불리는 이들도 개인적인 과오는 있다. 수없이 검증을 거친 사람들도 마찬가지다. 현미경을 들이대고 미세한 것까지 들추어내면 티가 없는 사람은 지구상에 존재하지 않을지도 모른다.

그러므로 자신의 불완전함을 지나치게 질책할 필요는 없다. 인간은 불완전한 것이 당연하기 때문이다. 그리고 그것을 자꾸 질책하다 보면 어느새 안 좋은 습관으로 자리 잡을 수 있다. 실수나 실패를 할 때마다 "나는 원래 그런 사람이야. 그러면 그렇지. 난 역시 안 돼."와 같은 말을 입버릇처럼 한다면 정말 그렇게 된다.

잘못을 저지르거나 실수를 했을 때 철저한 반성도 필요하지만 그것이 전부는 아니다. 단점도 관점을 바꿔서 보면 장점이 될 수 있다. '예스맨'이라는 단점을 가진 사람은 달리 생각하면 배려심 있는 사람이기도 하다. 늘 상대방의 관점에서 생각하기 때문이다. 이상주의자, 낙천주의자라는 단점은 남들이 불가능하다고 말하는 꿈을 꾸는 사람이라는 장점이 되기도 한다. 이는 어려운 상황을 잘 헤쳐나가는 원동력이기도 하다.

그렇다고 허물을 정당화하라는 의미는 아니다. 더 중요한 것은 나의 문제점을 인지한 뒤 이를 개선하려고 노력하는 자세다. 우리는 그 노력을 평생토록 지속해야 한다.

가장 큰 허물은 허물을 고치려 하지 않는 것

위대한 성인이자 도덕군자로 통하는 공자도 허물이 많았다. 그가 젊은 시절 노자를 찾아갔을 때 노자는 그를 위선자라고 비난했다. 무리해서 하려 하지 않고 스스로 그러한 대로 사는 삶인 '무위자연' 無爲自然을 주장하던 노자였기에 인과 예를 통해서 세상을 교화시키려는 공자의 주장이 자연스럽지 않고 위선적이라는 것이었다.

또한 공자는 음식에 대한 기준이 꽤 까다로웠다. 가령 쌀은 아주 깔끔하게 정제된 것이어야 하고, 다진 고기는 아주 잘아야 했다. 술은 집에서 빚은 것이 아니면 마시지 않았다. 부인과 이혼한 사유에 그의 까다로운 식습관이 한몫했다는 야사도 전해진다.

당시 시대 상황 때문이기도 하지만 그는 신분제를 철저히 수호한 사람이다. 자신의 애제자 안연이 죽었을 때, 다른 제자들은 화려하게 장례를 치러주려 했지만 공자는 반대했다. 안연을 친아들처럼 아꼈지만 그는 벼슬자리에 오르지 못한 평민이었기 때문이다. 따라서 평민의 예에 맞춰서 소박하게 장례를 지내야 한다는 것이었다.

놀랍게도 제자들은 그의 주장을 무시하고 성대하게 장례를 치렀고, 공자는 이들을 비난했다.

이러한 단점에도 불구하고 공자는 성인으로 추앙받는다. 그것은 그의 장점이 단점보다 훨씬 더 크기 때문이다. 공자는 학문에 뜻을 세운 후 세상을 떠날 때까지 '신념'을 지키기 위해서 평생 부단히 노력했다. 도덕정치를 구현하기 위해서 발로 뛰어다녔고, 수많은 제자를 양성했다. 그랬기 때문에 예를 중시하고 신분제를 옹호함에도 불구하고 사람들은 그의 가르침을 따랐다.

세상에 완벽한 인간은 없다. 역사상 수많은 위인과 현재의 성공한 사람들도 불완전한 존재다. 성격적인 결함, 불행한 과거 그리고 실패와 실수담도 많이 있다. 중요한 점은 자신의 허물을 제대로 인지하고 이를 바꾸려는 의지가 있는가 하는 점이다.

공자도 잘못이 있다면 고치기 위해 노력해야 한다고 강조했다. 현명한 사람을 만나면 본받고, 그렇지 않은 사람을 만나면 자신도 그와 같은 잘못이 있는지 반성하라 일렀다. 인간은 불완전하고 누구나 실수하고 잘못할 수 있기 때문이다.

신념을 갖는 것만큼 중요한 것은 잘못된 부분을 인정하고 바꾸려는 의지다. 그러려면 나에 대해 냉정한 평가를 내려야 한다. 나의 장점만큼이나 단점도 확실히 인정하고, 그 단점이 완전히 고쳐지지 않더라도 이를 인지하고 바꾸려는 노력이 중요하다. 가장 큰 허물은 허물이 있어도 고치지 않는 것이다.

성공에 가까워질수록
겸손을 붙잡아라

공자께서 말씀하셨다. "가난하면서 원망하지 않기는 어렵지만, 부유하면서 교만하지 않기는 쉽다."
_〈헌문〉 14.10

子曰 "貧而無怨難, 富而無驕易."
자 왈　빈 이 무 원 난　부 이 무 교 이

"벼는 익을수록 고개를 숙인다." 어렸을 적부터 귀가 아프게 들었던 말이다. 하지만 막상 실천하기란 쉽지 않다. 내가 어렵거나 힘들 때는 당연히 고개를 숙이고 살지만 사정이 나아질수록 점차 고개를 들게 된다. 주변에서 나의 부와 명예를 칭송하며 용비어천가를 부르면 빳빳한 고개는 좀처럼 굽혀지지 않는다. 그만큼 겸손은 유지하기가 힘들다.

유명세에 사람들이 불나방처럼 내 곁으로 모이면 착각을 하기 쉽다. 이 모든 부와 명예가 온전히 나의 노력으로 이룬 것이니 마음껏 누려도 좋다고 생각한다. 주변에서 달콤한 말을 하면 더욱 그렇다. "정말로 대단하신 통찰력입니다." "어떻게 하면 그렇게 성공할 수 있을까요? 배우고 싶습니다." 처음에는 이런 과한 칭찬에 거부감이 들지만 점차 익숙해지면 생각과 태도도 바뀐다. 감사한 마음은 잊고 자신을 과신하며 모든 성공은 나의 실력에서 비롯된 것이라는 착각에 빠져든다.

덕을 갖춘 사람은 타인에게 감화를 준다

화려한 무대의 조명이 꺼지면 어떻게 될까? 텅 빈 객석을 바라보며 무대 위에 홀로 서 있다면 이내 스포트라이트를 받던 그 순간이 그리워질 것이다. 남들의 부러움을 사는 부와 명예로 갖은 칭송을 받다가 나락으로 떨어지는 사람 중에는 주변 사람들을 원망하는 경우도 있다. 그들이 나를 이렇게 만들었다고 생각하고, 다시 한번 부와 명예를 쟁취해서 코를 납작하게 만들겠다고 으르렁댄다.

반면 진정 도를 깨우치거나 덕을 실천하는 사람들은 이렇게 살지 않는다. 늘 자신의 부족함을 알고 상대방이 누구든지 겸손한 마음을 유지한다. 항상 배우려 하고 자신보다 뛰어난 사람이 어디에든 있다고 생각한다. 그들에게 돈과 명예는 인생의 목적이 아니라 자신의 가치를 실현하기 위한 수단일 뿐이다.

이런 덕을 지닌 사람은 항상 주변에 그를 따르는 사람이 있다. 그만큼 정신적·물질적으로 많이 베풀기 때문이다. 덕이 있는 사람들은 늘 서로 좋은 에너지를 주고받으며 마치 물처럼 끊임없이 흐르고 멈추지 않는다.

최근 나에게 좋은 에너지를 준 사람이 있다. 구독자가 수십만 명에 이르는 유튜브 채널을 운영 중인 피트니스 강사다. 어느 날 그녀는 이런 내용을 담은 영상을 올렸다. 본인이 유명해지면서 광고 제안과 함께 콘텐츠를 유료화하자는 제안을 받았다는 것이다. 하지만 그녀는 몇 달을 고민하다가 끝내 전부 거절했다고 했다. 자신이 추구하는 가치에 맞지 않았기 때문이었다. 물론 자신은 돈을 벌고 싶고, 앞으로 방향성이 맞는 광고라면 할 계획이라고 덧붙였다. 이날 그녀가 한 말 중 유독 인상 깊었던 한마디가 있었다.

"돈에도 성격이 있습니다."

돈을 많이 벌고는 싶지만 내가 추구하는 가치를 버리면서까지 돈에 목매지 않겠다는 의미다. 이런 결단을 내리기는 쉽지 않다. 자본주의 사회에서 노동의 가치는 얼마나 많은 돈을 버느냐로 판단되기도 한다. 하지만 그녀는 남들과는 달리 자신만의 가치를 고수했다. 자신이 유명해지고 돈을 벌게 된 건 유튜브 채널이 지닌 진정성이 구독자들에게 좋은 영향력을 미쳤다는 걸 알기 때문이다. 그녀는 덕을 갖춘 사람이 타인을 감화시킬 수 있음을 몸소 보여주었다.

겸손을 잃으면 성공도 잃는다

"가난하면서 원망하지 않기는 어렵지만, 부유하면서 교만하지 않기는 쉽다." 공자의 이 말처럼 가난한 사람은 세상을 원망하기가 쉽고, 부자는 이미 많은 것을 소유하고 있기 때문에 겸손하기가 쉽다. 그런데 정말로 그럴 수 있을까? 어느 날 갑자기 부와 명예가 찾아온다면 감사한 마음으로 교만을 억누를 수 있을까?

그렇기 때문에 우리는 늘 깨어 있어야 한다. 내가 이 자리까지 온 것은 나 혼자만의 노력이 아니었음을 상기하며 살아야 한다. 선배, 동료, 후배, 스승, 가족, 친척, 친구 등 나를 둘러싼 모든 사람의 덕분이라는 생각을 잊어서는 안 된다. 그러면 주변에 마주치는 어느 누구도 함부로 대할 수 없다.

지금 나의 곁에 있는 사람들을 찬찬히 살펴보자. 나는 이들을 얼마나 소중하게 대하고 있는가? 혹여 나의 지위를 핑계 삼아 그들 위에서 군림하려 드는 건 아닌가? 겉으로는 겸손한 척하지만 속으로는 얕잡아 보고 있지는 않은가?

공자는 〈위령공〉(15.17)에서 군자에게 필요한 네 가지 덕목을 이야기했다. 그것은 '의로움, 예, 겸손, 믿음'이다. 의로움을 근본으로 하고 예로써 행하고, 겸손하게 그 마음을 나타내고, 믿음으로써 그것을 이룬다는 것이다. 이 가운데 겸손함의 덕목이 빠진다면 나머지 세 가지를 이루더라도 빛이 바랄 것이다. 그만큼 겸손함은 중요한 미덕이다.

　늘 겸손한 마음을 갖는다는 것은 쉽지 않다. 부와 명예가 높아질수록 더욱 그렇다. 하지만 세상을 원망하는 마음을 버리는 것보다 교만하지 않는 것이 쉽다고 했으니 지금 내가 가진 것에 감사하고 겸손함을 잃지 않도록 하자.

덕을 베푸는 자가
진정한 승자다

공자께서 말씀하셨다. "덕이 있는 자는 외롭지 않다. 반드시 이웃이 있다."

_〈이인〉 4.25

子曰 "德不孤, 必有隣."
자 왈　덕 불 고　필 유 린

이상적이고 정의로운 사회는 선한 사람들이 인정받고 잘 사는 세상이다. 올바른 사고방식을 갖고 의롭게 살면서 어려운 사람들을 돕는 덕을 갖춘 사람들이 제대로 대접받는 사회 말이다.

주변을 한번 둘러보자. 하다못해 직장의 후배들은 밥 잘 사주는 선배를 더 따르게 마련이다. 남에게 베풀기 좋아하고 자신이 가진 것을 기꺼이 나누어주는 이들은 어디서나 사람이 따른다.

반면 잘 나누지 않는 인색한 사람도 있다. 자신이 가진 것을 잘 내놓으려 하지 않고 오직 자신의 성공에만 골몰한다. 당연히 그 방법도 잘 알고 있는데 이들은 주로 상사에게 잘 보이는 법에만 능통하다. 상사의 아바타가 되어서 그들의 기쁨과 슬픔을 같이 느끼고 실적을 내기 위해 아랫사람들을 철저하게 이용한다.

덕은 숫자로 표현할 수 없다

삶에서 덕을 갖추고 실천하기도 힘들지만 사회생활을 하면서 덕을 인정받기란 더 어렵다. 회사는 업무 능력과 함께 보여주는 능력이 중요한 조직이기 때문에 내가 덕을 갖추고 있다고 하더라도 그것을 보여주기 힘들다. 또는 행하더라도 자신의 공이 되지 않을 수 있다.

덕을 베푸는 사람들은 업무를 잘 진행하기 위해서 양쪽을 조율하는 역할을 곧잘 한다. 불평을 들어주고 토닥이면서 설득한다. 하지만 그렇게 해서 일이 잘 처리되고 나면 음지에서 고생한 사람의 공적은 잘 나타나지 않는다.

모든 것을 숫자로 표현해야 하는 세상인데 공교롭게도 덕은 숫자로 표현할 수 없다. 고과 평가를 위해서 실적을 입력하는 곳에도 '일처리를 매끄럽게 하기 위해서 중재했다', '사람들의 불평을 잘 들어주고 힘든 사람을 위로했다'와 같은 항목은 없다. 주로 업무 처리 능력, 리더십, 창의성, 독창성 등에 대해서 평가할 뿐이다. 그런데 조직이 매끄럽게 돌아가기 위해서는 중간에 '감정노동'을 하는 사람이 필요하다.

앞서 말한 《린치핀》의 저자 세스 고딘 또한 감정노동의 중요성을 강조했다. 인공지능이나 로봇이 대신할 수 없는 것이기 때문이다. 그는 이 책에서 커피숍 체인점에서 일하는 데이비드라는 남자에 대해 이야기했다. 그의 태도에 놀랐기 때문이다. 그는 6년 내내 손님들을 친절하게 대하고 세심하게 신경 썼다. 커피숍 주인은 따로 있는데도 말이다. 그의 성실함에 감탄한 고딘이 그에게 질문했다.

"데이비드 씨, 어떻게 그렇게 한결같은 마음으로 일할 수 있나요?"

"저는 축복을 위해서 일합니다."

데이비드는 자신의 인생을 주도적으로 살아가고 있었다. 누군가에게는 커피숍에서 손님을 응대하는 일이 상당히 피곤하고 짜증나는 일일 것이다. 매일 반복되는 일을 성실히 수행하는 것뿐 아니라 불평하는 고객도 친절히 응대해야 하기 때문이다. 하지만 그는 그런 일들에 짜증을 내지 않았다. 자신의 일이 선물이고 축복이라고 믿었기에 고객들과 교감하고 소통하는 것에서 행복을 느꼈다.

만약 내가 이 커피숍의 주인인데 두 명의 직원 중 단 한 명만 남겨야 한다면 누구를 선택하겠는가? 커피를 매뉴얼에 따라서 잘 만드는 직원일까? 아니면 데이비드처럼 덕을 갖추고 손님과 진심으로 공감하며 소통하는 직원일까?

덕은 모든 것을 이긴다

공자가 당시 위정자들에게 덕치를 강조하며 "덕으로써 정치를 하는 것은 북극성이 제자리에 머물러 있어도, 다른 별들이 북극성을 둘러싸고 돌고 있는 것과 같다."(〈위정〉 2.1)라고 말했다.

북극성이 제자리에 가만히 있어도 모든 별들이 주위를 맴도는 것처럼 군주가 덕으로 다스리면 힘으로 압력을 가하지 않아도 백성들이 감화를 받아 저절로 따른다는 의미다. 즉 덕이 가장 빛날 뿐만 아니라 중심이라는 의미다. 덕치를 실천하는 군주는 결코 외롭지 않다. 절로 따르는 신하와 백성이 있기 때문이다.

덕을 구체적으로 표현하는 것이 바로 예다. 마음속으로만 덕을 갖고 있으면 상대방이 알 수 없으므로 표현해야 한다. 커피숍 직원 데이비드처럼 남을 위하는 덕의 마음을 예라는 방식으로 실천해서 보여주는 것이다. 덕이 없는 예는 겉치레에 불과하다.

위정자도 마찬가지다. '덕으로 백성을 다스린다면 법을 어길 때는, 백성이 부끄러움을 안다'(〈위정〉 2.3)고 했다. 반면 엄격한 법으로만 다스리면 백성은 형벌을 면할 방법만 궁리한다. 왕을 두려워하고 피하려고 하고, 서로를 의심한다. 그렇게 되면 왕은 홀로 남은 북극성처럼 외로워진다.

안타깝게도 당시 위정자들은 공자의 이러한 덕치주의의 주장을 받아들이지 않았다. 정치에 인품은 그다지 필요 없다고 생각한 것이다. 그보다는 강력한 병사, 뛰어난 병법가, 풍족한 식량이 우선이라고 봤다. 그러한 패권주의를 통해서 강대국이 약소국을 침범하고 병합하는 역사는 반복되었다. 하지만 그로 인해 남은 것은 무엇인가? 백성들의 아픔과 고통뿐이었고 영원할 것 같은 제국도 결국 사라지고 말았다. 빛나는 북극성도 떨어졌다.

공자는 제나라의 경공에 대해서 이런 이야기를 했다.

"제나라 경공은 말 4,000필을 소유하고 있었지만, 그가 죽던 날 백성들 중 그 누구도 그의 덕을 칭송하지 않았다."(〈계씨〉 16.12)

경공은 재상 안영 덕분에 나름대로 치세를 펼쳤으나 사치와 향락을 즐겼던 인물이었다. 대단한 부와 권세를 쥐었지만 덕을 갖추지 못했던 경공의 죽음을 애도하는 백성은 없었다. 반면에 '두 임금을 섬길 수는 없다'며 충절을 지킨 백이와 숙제는 수양산에서 고사리를 캐다 굶어 죽었지만 사람들은 후세까지 그들을 칭송하고 기렸다. 이렇듯 덕은 부와 권세가 가닿을 수 없는 최상의 경지다.

매일 나 자신을
복기한다

증자가 말했다. "나는 하루에 세 번 나 자신을 반성한다. 남을 살피는 데 진심을 다했는가? 친구와 사귀는 데 믿음을 주었는가? 배운 것을 습득했는가?"

_〈학이〉 1.4

曾子曰 "吾日三省吾身. 爲人謀而不忠乎?
증 자 왈   오 일 삼 성 오 신   위 인 모 이 불 충 호

與朋友交而不信乎? 傳不習乎?"
여 붕 우 교 이 불 신 호   전 불 습 호

증자는 공자가 만년에 거두어들인 제자로 공자와 나이 차가 무려 마흔여섯이었다. 본명은 증삼이고, 자는 자여子輿다. 그의 아버지인 증점曾點도 공자의 제자였으니 아버지와 아들이 같은 스승을 모신 셈이다. 증자는 공자가 '둔하다'라고 평가했을 정도로 총명함에선 다소 부족함이 있었다. 하지만 누구보다 열심히 공부했으며 배운 것을 익혀 실천하려 한 노력파였다. 그리고 공자의 학문을 이어받아 이를 후대에 전하는 역할을 했다.

증자는 공자의 다른 제자들보다 자신의 재능이 부족하다는 것을

알았기에 더욱 노력했다. 그 노력은 매일 자신을 돌아보면서 반성하는 일이었는데, 그가 주요하게 점검한 것은 다음의 세 가지다.

◈ 충忠 : 남을 살피는 데 진심을 다했는가?
◈ 신信 : 친구와 사귀는 데 믿음을 주었는가?
◈ 습習 : 배운 것을 습득했는가?

증자가 강조한 충, 신, 습은 오늘날 우리에게도 중요한 시사점을 제공한다.

충, 다른 사람을 위해 진심을 다하라

우리는 남을 위해서 얼마나 최선을 다하고 있을까? 삶에서 모든 것의 중심에 '내'가 있는 것은 맞지만 나는 언제나 다른 이들과의 관계 속에서 존재한다. 그러므로 우리가 하는 행위의 상당 부분은 타인과 연결되어 있다.

집안일을 하는 것은 가족을 위해서이며, 회사에서 일하는 것은 고객이나 동료와 상사, 그리고 회사를 위한 것이다. 그리고 그 행위의 중심에 '충'이 있다. 충은 진심을 다하는 마음이다. 한자어 '충'忠을 살펴보면 '가운데 중'中에 '마음 심'心이 있는데 마음의 중심은 바로 진심을 뜻한다.

우리가 평소 대중 교통을 이용할 때 손님을 배려하며 운전하는 분들과 아닌 분들의 차이를 느끼는 것처럼 마지못해 일하는 사람과 진심을 다하는 사람은 밖으로 드러나는 말투와 행동이 다를 수밖에 없다. 고객이 무엇을 원하는지 항상 고민하고 배려하는 이들은 아무리 사소하고 작은 일이라도 의미를 부여하고 소홀히 하지 않는다. 그리고 이러한 진심에 감화된 고객들의 마음이 이들을 결국 성공으로 이끈다.

반면 진심을 담지 않고 피상적으로 보여지는 것에만 치중하는 사람들은 얕게 행동한다. 어떤 사람은 진심인 척 흉내 내고, 또 어떤 사람은 자신의 부와 지위에만 신경 쓰며 개인의 영달을 더 중요시한다. 아무리 겉으로 꾸며내도 결국 본연의 마음은 드러나게 되어있는 법. 결국 사람들은 진심이 우러나오지 않는 이들을 자연스레 멀리하게 된다.

간단히 말해 충이라는 것은 '나의 마음 가운데에서 우러나오는 것으로 최선을 다하는 행위'다. 진심을 다하면 상대방도 그 진심을 알아준다. 무엇보다 중요한 것은 스스로 자신에게 떳떳해진다는 점이다.

신, 가까운 이들에게 믿음을 주어라

벗들에게 믿음을 주었는지 스스로에게 물어보자. 여기서 '벗'은 친구만을 의미하지 않는다. 나와 뜻을 같이하고, 같은 세계관과 도덕관을 갖고 있는 사람 모두를 포함한다. 때문에 나이의 많고 적음을 떠나서 누구든 나의 벗이 될 수 있다. 나는 과연 그들과 교류하는 과정에서 믿음을 주었는가? 매일 자신에게 묻고 점검해야 한다.

그럼 믿음은 어떻게 얻을 수 있을까? 말과 행동이 일치하고, 약속을 잘 지킬 때 생겨난다. 바람직한 관계를 위해서는 '말을 교묘하게 꾸미고 낯빛을 그럴싸하게 보이는 교언영색'(《학이》 1.3)이 아니라 진실함과 믿음이 바탕이 돼야 한다. 남을 이용하려는 마음을 버리고 신뢰를 주는 데 집중하는 것이다. 말로 사람을 현혹시키는 것은 관계의 지속을 위해 도움이 되지 않는다.

성공한 사람들은 자신의 말을 지키기 위해서 노력한다. 공약을 남발하지 않고, 한번 내뱉은 말은 어떤 식으로든 결과물을 만들어 낸다. 그렇기 때문에 말이 가볍지 않다. 남들에게 잘 보이거나 인기를 얻기 위해 헛된 말을 늘어놓지 않는다. 안타깝게도 남을 현혹시키는 가벼운 말을 하는 사람들이 여전히 많다. 그리고 허울 좋은 말에 사람들은 연신 속아 넘어간다. 기억해두자. 사람을 사귀는 데 있어 염두에 둬야 할 것은 그 사람의 화려한 언변이 아닌 말의 무게다.

습, 아는 것은 실천을 통해 완성된다

배운 것을 익히고 실천하는 것이 무엇보다 중요하다. 아무리 많은 것을 알고 깊은 학식을 겸비했어도 아는 데서 멈추면 의미가 없다. 우리가 무언가를 배우고 깨달음을 얻는 것은 그것을 실천하기 위해서다. 더 나은 나, 더 나은 세상을 만드는 첫걸음은 언제나 실천에서 시작된다.

깊이가 있는 사람들은 자신의 모자람을 알고 있기에 학식을 쌓을수록 더 겸손해진다. 때문에 다른 이들의 이야기에 언제나 열려 있다. 자신보다 어린 사람의 이야기에도 귀를 기울고 진심으로 경청한다. 나이가 많다거나 학벌이 좋다고 더 지혜로운 것은 결코 아니기 때문이다. 머리에 든 것이 많은 건 중요하지 않다. 진정한 군자의 삶은 열린 태도로 타인에게서 배움을 얻고, 배운 것을 하나라도 제대로 실천하는 데서 비롯된다.

《논어》를 읽고 필사하고 그 내용을 되뇌이는 것도 필요한 일이다. 하지만 무엇보다 중요한 것은 단 한 구절이라도 실천하는 것이다. 아무리 좋은 책을 읽었다 해도 실천으로 이어져 나를 바꾸지 않으면 제대로 읽은 것이라 할 수 없다. 오늘 증자가 이야기한 세 가지 반성을 마음에 새겼다면, 이 중 하나라도 가슴에 새기고 행동으로 옮겨보는 것이 어떨까.

가장 큰 용기는
'모른다'고 인정하는 것

공자께서 말씀하셨다. "유由야! 너에게 앎을 가르쳐주려 한다. 아는 것을 안다고 하고, 모르는 것을 모른다고 하는 것이 참으로 아는 것이다."

_〈위정〉 2.17

子曰 "由! 誨女, 知之乎!
자 왈 유 회 여 지 지 호

知之爲知之, 不知爲不知, 是知也."
지 지 위 지 지 부 지 위 부 지 시 지 야

'유'는 공자의 애제자 중 한 명이었던 자로의 이름으로 그의 본명은 중유仲由다. 그는 공자보다 아홉 살 어렸으며, 공자의 1기 제자다. 친구 사이로 보일 정도로 나이 차가 적었지만 오랫동안 공자를 깍 듯이 모셨다.

자로는 본래 힘 좀 쓰는 용맹한 자였다. 그는 14년간 공자와 천 하를 주유하면서 공자의 신변을 지키는 역할을 톡톡히 했다. 누군 가 공자를 험담하면 그 사람의 입을 틀어막을 정도였다. 때문에 공 자는 도가 행해지지 않아서 뗏목을 타고 바다로 떠나겠다고 하면서 자신을 따라올 사람은 자로밖에 없다고 말했다. 그만큼 공자는 자로를 신뢰했다. 물론 바로 다음에 한마디 덧붙였다. "용기는 나를 넘지만 재주는 취할 것이 없다."(〈공야장〉 5.6) 이렇게 든든한 제자였지만 공자에게 많은 꾸지람을 듣기도 했다.

제대로 알지 못한 채 실천하는 걸 부끄러워하라

부유하면서 똑똑한 제자인 자공은 칭찬과 질책을 함께 받았지만 자로는 주로 혼나는 역할이었다. 아무래도 어릴 적부터 학문을 닦은 다른 제자들과는 깊이에 차이가 있었기 때문이다. 또한 자로는 큰소리를 치고 덤벙대는 단점도 있었다. 이런 그를 두고 공자는 "방안에 들일 정도는 아니라도 마루에 앉을 정도는 된다."라고 했다. 얼핏 듣기에는 그를 낮게 평가하는 것 같지만 사실은 그렇지 않다. 수많은 공자의 제자 중에서 마루에 앉을 정도만 돼도 공자의 신임을 꽤나 많이 받은 편이다. 거기에도 못 앉는 제자가 부지기수였다.
  자로의 가장 큰 장점은 질책을 기쁘게 받아들이고, 그 누구보다 배운 것을 실천하려고 노력했다는 점이다. 자로가 공자에게 유독 많이 혼이 난 것은 그만큼 자신이 궁금한 점을 감추지 않고 자주 질문했기 때문이다. 그는 체면에 신경 쓰지 않았다. 자신이 모르고 실천하지 못하는 것을 부끄러워할 뿐이었다. 그렇다고 스승에게 고분

고분하지는 않았다. 종종 반항하고 따졌다. 자신이 생각하기에 옳지 않다고 여겨지는 것은 강하게 의문을 제기했다.

공자가 위나라 영공의 부인인 남자南子를 만났을 때의 일이다. 그녀는 외모가 빼어나고 아름다웠으나 다른 연인과 간통을 하면서 평판이 좋지 않았다. 공자는 이 만남을 꺼려했으나 어쩔 수 없이 그녀를 만났고, 자로는 이를 달가워하지 않았다. 공자는 그에게 "내 마음이 떳떳하지 않다면, 하늘이 나를 무너뜨릴 것이다."라고 해명해야 했다.

스승과 제자가 옥신각신하는 이런 모습은 《논어》에서 종종 찾아볼 수 있다. 이것이 《논어》의 매력이기도 하다. 진정한 도가 무엇이고 인과 예는 또 무엇인지, 그 답을 찾아가는 과정이 고스란히 담겨 있기 때문이다.

우리는 질문을 통해 성장한다

2019년 미국의 버락 오바마 전 대통령이 G20 회담을 위해 한국을 방문해 기자 회견할 때의 일이다. 그는 마지막으로 한국 기자에게만 질문을 받는다고 했다. 그 순간 회견장은 약 20초간 침묵이 흘렀다. 결국 중국 기자가 질문을 가로채서 미국 정책의 문제점에 대해서 공격적인 질문을 던졌다. 그는 중국인들의 열렬한 지지를 받았다.

왜 이런 상황이 벌어진 걸까? 당시 기자들은 기사를 빨리 써서 보내야 했을 수도 있다. 아니면 질문을 던졌을 때 얻는 이득보다 실수했을 때 망신당할 가능성이 커서 주저했을지도 모른다. 만일 실수가 두려워 그런 것이라면, 그 바탕에는 우리가 받은 교육의 문제가 자리한다. 지금 우리의 교육 시스템은 공부 잘하는 아이들 중심으로 돌아간다. 입시 위주의 교육체계가 유지되다 보니 선생님과 질문을 주고받으며 소통하는 수업은 이뤄지지 않는다. 그보다는 빨리 답을 찾는 능력을 키우는 데 골몰한다. 대학 교육도 별반 다르지 않다. 오랜 세월, 질문하는 대신 '아는 척'을 하다 보니 부모가 되어서도 달라지지 않는다. 아이들이 질문하면 대화를 하기는커녕 퉁명스럽게 답하기 일쑤다. 누군가의 이야기를 귀 기울여 들어주기보다는 요점만 간단히 결과 위주로 듣는 게 익숙해진 탓이다.

《논어》에서 자로만큼 질문을 많이 한 제자는 바로 자공이다. 자공은 공자보다 낫다고 인정받을 정도로 촉망받는 인재였다. 그의 뛰어난 외교술은 노나라를 위기에서 구했고, 그들을 위협하던 오나라를 멸망시킬 정도였다. 그렇게 잘난 자공도 공자에게 집요할 정도로 질문을 했다. 면박을 당하기 일쑤였지만 전혀 개의치 않았다. 그러면서 점차 학문적인 성취를 높여갈 수 있었다. 공자도 자공이 《시경》을 같이 논할 수 있을 정도의 수준이 되었다며 흐뭇해했다.

자공의 질문이 수준 높고 철학적이었다면, 자로의 질문은 일반 사람의 지적 호기심과 이해도 수준이었다. 우리는 자로의 용기 덕분에 인과 예, 의와 도에 관해 공자로부터 보다 자세한 설명을 들을 수 있게 되었으니 그에게 감사해야 한다.

모르는 것을 모른다고 이야기하는 데는 용기가 필요하다. 수준이 낮거나 엉뚱한 질문을 해서 면박당하는 경험을 한번 하게 되면 그 뒤로는 창피하고 부끄러워서 입을 닫게 된다. 그러나 입을 닫는 순간 호기심은 사라지고 지식도 얕아진다.

공자의 말처럼 모르는 것을 모른다고 말하는 자가 '진정 아는 자'다. 잘 모르면서 아는 척하는 순간, 그것을 배우고 깨칠 기회는 사라지고 만다. 모르는 것은 부끄러운 일이 아니다. 모르면서 아는 척하는 것, 알려고 노력하지 않는 것이 진정 부끄러운 일이다.

내면이 성숙하고 아름다워야
진짜 어른이다

공자께서 냇가에서 말씀하셨다. "가는 것이 이와 같구나. 밤낮으로 흐르는 구나!"
_〈자한〉 9.16

子在川上曰 "逝者如斯夫 不舍晝夜."
자 재 천 상 왈   서 자 여 사 부 불 사 주 야

한 노인이 시냇가에서 물이 흐르는 것을 바라보며 세월의 무상함을 이야기한다. 그의 뒤에는 많은 제자들이 정중하게 손을 맞잡고 서 있다. 하염없이 흐르는 시냇물을 보고 있는 스승의 뒷모습을 보면서 제자들은 무엇을 느꼈을까? 후대 사람들은 이를 두고 '공자가 덧없이 흘러가버린 세월을 한탄하며 회환에 빠졌다'라고 해석한다.

공자는 공부에 뜻을 세운 후 탁월한 학문적 성과를 이루었지만 세속적인 삶과는 거리가 멀었다. 부와 명예를 추구하는 대신 도덕

정치를 통해서 세상을 바로잡기를 원했다. 하지만 그의 원대한 이상과 정치적 소망은 좌절되었다.

공자에게 배우는 어른답게 사는 법

앞서 이야기했듯 공자는 어릴 적 불우한 가정환경 탓에 소년 가장 역할을 했지만 돈을 모으기보다는 학문에 뜻을 두었다. 스승 없이 혼자 배움을 찾아 나섰다. 그처럼 어렵게 공부를 해왔기에 자신과 마찬가지로 형편이 어려운 제자들을 기꺼이 거두었다. 그는 인을 사랑으로 실천한 것이다.

스승은 시냇물을 바라보면서 세월의 덧없음을 한탄했지만 제자들은 그렇게 느끼지 않았을 것이다. 스승으로 인해서 정말로 많은 지혜와 지식을 얻었기 때문이다.

공자는 자신의 제자들을 진심으로 사랑하고 아꼈다. '자기가 서고 싶으면 남도 세워주고, 자기가 도달하고 싶으면 남도 도달하게 하라.' 이 말을 본인 스스로 실천하려는 노력이 그를 진정한 어른의 내면을 가진 사람으로 만들었다. 현실 정치에는 염증을 느꼈지만 제자들의 활약에 그의 세월은 결코 덧없지 않았을 것이다.

삶이 나를 속일지라도 포기하지 않는다

공자가 가장 존경한 인물은 주문공周文公이다. 오죽하면 꿈에서 주공을 못 만난다고 "오랫동안 꿈에서 주공을 뵙지 못했다. 나도 이제 늙어버렸구나."(《술이》 7.5)라고 한탄할 정도였을까.

주문공은 중국 역사상 가장 완벽한 이인자 처세를 보인 인물로 주나라 대업의 일등 공신이었다. 그는 모든 권력과 신망을 받았지만 어린 조카를 대신해 주나라의 기틀을 세우고 성인이 된 조카에게 왕권을 물려준 후 미련 없이 신하의 자리로 돌아갔다. 공자는 주공처럼 왕을 도와서 살기 좋은 나라를 만들고 싶었으나, 공자의 삶은 주공과 같을 수 없었다. 한때 정치에 몸담았으나 큰 역할을 하지 못했다. 자신의 이익에 눈이 먼 제후들이 공자의 말을 따르지 않았기 때문이다.

하지만 그에게 인과 예를 배운 제자들은 정계로 진출해 자신의 군주를 최선을 다해 섬겼다. 배반과 배신이 성행하던 춘추시대에 이런 모습은 제후들에게 신선한 충격으로 다가왔다. 공자의 제자들이 군주들의 신임을 얻으면서 그의 학당은 '인재 양성소'로 이름을 높였다.

춘추시대 이후 전국시대에는 공자의 제자들로부터 가르침을 받은 이들이 맹활약했다. 대표적인 인물로는 맹자, 순자 그리고 순자의 제자인 한비자, 이사 등을 들 수 있다. 이 가운데 이사는 진시황제를 도와서 나라의 제도를 정비하고 서쪽 변방 국가인 진나라를 강대국으로 만드는 데 일조했다. 훗날 그는 최고의 자리인 승상에 올랐지만, 결국 명예와 부에 취해서 공자의 가르침을 잊은 탓에 패가망신하고 만다. 배움을 실천하는 어른으로서의 삶을 살지 못한 것이다.

겉모습만 어른, 내면은 미성숙한 아이로 남은 사람들

"내면이 아름다운 사람이 되어야 한다." 어릴 적부터 많이 듣던 말인데 젊은 시절에는 이 말의 진정한 의미를 깨닫지 못했다. 많은 이들이 나와 같을 것이다. 하지만 나이가 들면 자연스럽게 내면의 중요성을 깨닫게 된다. 어른의 모습을 하고 있다고 해서 모두 어른이 아니기 때문이다.

어른은 흔히 결혼을 했거나 나이가 든 사람을 이르는 말이지만 실은 '다 자라서 자기 일에 책임을 질 수 있는 사람', '경륜이 많아 존경받는 사람'을 의미한다. 그런데 겉은 어른인데 덜 자란 아이 같은 사람들도 많다. 그런 이들은 남의 이야기를 잘 듣지 않고 자기 고집만 부리거나 더 많은 것을 가지려고 떼를 쓰고 욕심을 부린다. 나이가 많고 사회적 지위가 높다는 이유로 갑질을 하는 파렴치한 이도 있다. 모두 내면이 성숙하지 못한 덜 자란 어른이기 때문에 생기는 문제다.

　나이가 들수록 겉모습보다는 내면이 아름다운 사람이 되어야 한다. 어떻게 하면 내면을 아름답게 가꿀 수 있을까? 나의 내면을 가꾸면서 타인을 위해 자비와 사랑을 실천하는 방법은 다양하다. '자기가 원하지 않는 일을 남에게 하지 말라'와 같은 가르침을 실천하는 것에서부터 자신의 재능이나 재산을 기부하는 일까지 다양하다.

　일상의 사소한 깨우침에서부터 사회를 위한 공헌까지 공자의 인이 영향이 미치지 않는 곳은 없다.

요행으로 피한 재앙은
다시 찾아온다

공자께서 말씀하셨다. "사람은 정직하게 살아가야 하는데, 속이면서도 잘 살아간다면 요행히 (화, 죽음을) 면한 것이다." _〈옹야〉 6.17

子曰 "人之生也直 罔之生也 幸而免."
자 왈   인 지 생 야 직 망 지 생 야 행 이 면

정직이란 무엇일까? 사전적 의미로는 '마음에 거짓이나 꾸밈이 없이 바르고 곧음'을 의미한다. 하지만 삶 속에서 정직이란 신용의 중요성과 말의 무거움도 포함하고 있다. 나 자신과의 약속, 사람과 사람의 믿음처럼 내가 믿는 가치와 그것에 어긋나지 않게 말을 하는 것이 정직을 실천하는 삶이다.

부끄럽지 않은 삶의 중심에는 '진심', 즉 '정직'이 있다. 정직은 마음에 거짓이 없다는 의미다. 나의 마음에 솔직하고 남들의 시선이 아니라 내가 믿는 것에 충실한 것이다. 그런데 내가 믿는 것을 위해

서 거짓 없이 바르게 사는 일은 어렵다. 주위에 나의 생각과 믿음을 방해하는 요소가 너무 많기 때문이다. 무엇이 옳은 것인지 알지만 후폭풍이 두려워서 말하기도 쉽지 않다. 하지만 누군가는 용기를 내서 솔직하게 이야기하고, 우리는 그를 정직하다고 칭찬한다. 문제는 그렇게 정직한 사람들이 되레 손해를 보는 경우가 많다는 것이다.

성실과 정직은 결국 성공으로 연결된다

무려 200회의 방송을 끝으로 종영을 한 〈백종원의 골목식당〉은 골목 상권을 살리자는 취지로 시작된 프로그램이다. 사실 동네에서 흔히 볼 수 있는 치킨집, 빵집, 커피숍, 음식점 등은 쉽게 생기지만 또한 쉽게 사라지기도 한다. 자영업으로 성공하는 일이 결코 쉽지 않기 때문이다. 가게를 오픈했지만 어떻게 운영하는지 몰라 힘들어 하는 이들, 혹은 장사가 되지 않아 고민하는 이들에게 이 프로그램은 일종의 가이드라인을 제시해주었다. 백종원은 상권, 가게와 주요 메뉴, 기타 여러 가지를 살펴보고 주인들에게 맞춤형 해결책을 제공했다.

그가 가게 주인들에게 제일 강조한 것은 사업에 대한 가치관이었다. 정직과 성실이 제일 중요한 가치라는 것이다. 실제로 이러한 가치를 믿고 성공한 가게가 있다. '연돈'이라는 음식점은 원래 골목식당에 있던 조그만 돈가스 가게였으나 백종원의 극찬을 받으면서 돈가스 전문 요리점으로 성공했고 제주도에 둥지를 틀었다. 이 가게의 사장 김응서 대표는 SNS에 "맛있는 음식은 만들 줄 모르지만, 정직하게 좋은 재료로 안심하고 드실 수 있는 음식은 자신 있다."는 글을 올리기도 했다.

맛이 있어서 성공한 것은 당연하지만 그 가운데에는 '정직'이 있었다. 그만큼 정직은 우리의 삶에 그리고 성공에 중요한 가치다. 한 매체에서는 골목식당에서 보이는 정직의 정신에 대해 이렇게 말했다.

"〈백종원의 골목식당〉에서 백종원이 주장하는 바는 매우 단순하다. 최선을 다하는 성실함. 요령을 피우지 않고, 정직하게, 감당할 수 있는 몫만 해내는 것이 느리고 답답해 보여도 결국엔 성공하는 길이라는 복음이다."

그런데 정직하면 무조건 성공하는 것인가? 사실 그렇지 않다. 정직에 앞서 인이 기반 되어야 한다. 단순히 거짓을 이야기하지 않는 것은 정직이 아니다. 성공한 음식점에는 음식에 대한 정직함이 있을 뿐 아니라 그보다 앞서 고객에 대한 마음가짐이 다르다. 굳이 더 비싼 재료를 써서 음식을 만드는 이유는 손님의 건강과 행복을 염두에 둔 인의 정신이 있기 때문이다.

정직에 앞서 '인'을 생각하라

《논어》의 〈자로〉(13.18)에 나온 글이다. 초나라의 섭공이 공자에게 이렇게 말했다. "우리 고을에 정직한 사람이 있습니다. 아버지가 양을 훔치자 그는 아버지를 고발했습니다." 공자는 다음과 같이 말했다. "우리 고을의 정직한 사람은 그와 다릅니다. 아버지가 자식을 위해 숨겨주고, 자식은 아버지를 위해 숨겨줍니다. 바로 그 가운데 정직함이 있습니다." 공자가 말하는 '정직한 사람'의 의미는 무엇이었을까?

섭공의 말을 살피면 그에게 정직한 사람은 법을 지키는 사람이다. 관계와 상황의 맥락을 떠나 법이라는 사회적 합의와 기준에 맞춰 행동한 것을 정직하다고 말한 것이다. 한편 공자는 어떠한가? 공자는 아버지와 아들이라는 관계를 떠나서는 정직함을 논할 수 없다고 말한다. 아버지와 아들의 관계를 먼저 생각했을 때 발현되는 인의 정신이 결국엔 서로를 위해 정직한 결정을 내리게 할 것이라고 말하고 싶은 것이다.

비단 가족과 친구의 관계를 떠나 누군가의 치부와 잘못을 곧이곧대로 '나쁘다'고 말하는 것이 정직한 태도일까? 나는 그렇지 않다고 생각한다. 공자의 뜻처럼 사랑하고 배려하고 안타깝게 여기는 측은지심의 마음이 우선될 때 비로소 정직함이 빛을 본다. 만약 사람보다 무조건 법을 우선시한다면 우리는 서로의 잘못을 감시하는 세상을 살아야 할 것이다.

남을 배려하고 사랑하는 마음을 가질 때 비로소 정직함이 유의미한 가치가 된다. 앞서 이야기한 음식점의 이야기가 그렇다. 백종원이 추구하는 가치도 그렇다. 요령과 요행을 피우지 않는 태도는 사람을 먼저 생각하는 인의 가치에서 시작되고, 그 태도는 결국 정직과 성실함으로 인정받고 신뢰라는 보답으로 되돌아온다. 회사도 마찬가지다. 인의 마음을 갖고 고객에게 정직해야 한다. 이러한 마음가짐은 제품과 서비스에 고스란히 반영된다. 단순히 제품을 많이 팔아서 매출과 이익을 늘리는 것을 목표로 해서는 안 된다. 그것만으로는 지속가능한 성장을 할 수 없다. 급변하는 경영 환경에서는 언제든 위기가 닥칠 수 있는데, 고객을 위하는 진정성과 정직함을 갖춘 기업이라면 바로 그때 고객이 조력자가 되어줄 것이다.

오직 정직한 사람만이 진정 사람을 이끈다

직원들에게도 정직해야 한다. 직원과 그 가족들의 미래를 생각하고 함께 간다는 마음가짐이 필요하다. 회사의 비전과 목표를 진솔하게 공유하고 같이 고민해야 한다. 기쁠 때는 같이 기뻐하고, 어려울 때는 같이 슬퍼해야 한다. 직원을 하나의 부품으로 생각해서 마음껏 부린다면 결코 좋은 기업이 될 수 없다. 그렇기 때문에 좋은 기업이 되기 위해서는 정직한 사람들이 필요하다.

공자는 정직한 사회를 만들기 위해서는 정직한 사람을 리더로 앉혀야 한다고 강조했다. 이는 《논어》의 〈위정〉(2.19)에서 언급되었다. 어느 날 노나라의 애공이 "어떻게 하면 백성이 임금을 따르겠습니까?"라고 질문했고 공자는 다음과 같이 답했다.

"정직한 사람을 뽑아서 문제가 있는 사람을 다스리면 백성들은 임금을 따를 것입니다. 반대로 문제가 있는 사람을 뽑아서 정직한 사람 위에 두면 백성들은 따르지 않을 것입니다."

경쟁이 치열한 사회에서는 정직한 사람이 손해를 볼 수도 있다. 오히려 거짓을 이야기하고 쉽게 모면하는 것이 편할 때도 있다. 하지만 거짓은 거짓을 낳고 걷잡을 수 없는 파국을 불러오기도 한다. 공자의 당부처럼 정직하지 않으면 요행으로 재앙을 피한 것과 마찬가지다. 하지만 그 요행이 언제까지 계속될 수는 없다.

여전히 사랑하며
살고 있는가

공자께서 말씀하셨다. "나이 마흔이 되어서도 남들의 미움을 받는다면, 그 사람은 끝난 것이다." _〈양화〉 17.26

子曰 "年四十而見惡焉, 其終也已."
자왈   연 사 십 이 견 오 언   기 종 야 이

공자는 40대를 '불혹'이라고 말했다. 우리가 흔히 이야기하는 '혹惑하다'의 의미는 홀딱 반하거나 빠져서 정신을 못 차린다는 의미다. 그러니 불혹이 되면 더 이상 유혹에 흔들리지 않고 갈팡질팡하지 말아야 한다. 물론 일반인에게는 불가능한 이야기다. 50~60대가 되어도 마음은 흔들리게 마련이다. 우리는 위대한 성인이 아니고 아주 평범한 사람이기 때문이다.

보통 20대에는 공부를 하거나 사회에 진출한다. 30대에는 회사에서 전문성을 인정받기 위해 애쓰거나 자신만의 사업을 계획한다.

40~50대에는 관리직이나 회사의 경영진으로 활약한다. 60대가 되면 대부분 은퇴를 해서 제2의 인생을 시작한다. 하지만 요즘은 나이에 상관없이 일찍 사업을 시작하는 사람들도 있기 때문에 예전처럼 일반적인 공식에 맞춰 살지는 않는다. 나이에 따른 직업의 경계도 점차 파괴되고 있다.

마흔에 받는 미움은 이기심 때문이다

그럼에도 불구하고 마흔 살은 왜 중요할까? 인생의 전환점이기 때문이다. 예를 들어서 70세까지 정정하게 일한다고 보면 부모의 품을 벗어나서 우리의 뜻대로 살 수 있는 시기는 대략 50년이다. 20~30대의 20년이 새로운 것을 시도하고 탐색하는 나이라면, 50~60대의 20년은 하늘의 뜻을 이해하고 순리에 맞춰 사는 나이다. 40대의 10년은 그 중간에 있다. 그렇기 때문에 40대가 중요하다. 40대를 어떻게 사느냐에 따라서 남은 인생이 결정된다고 해도 과언이 아니다.

40대는 지난 20여 년 청년기의 열정을 밑거름으로 일과 학문에서 자신만의 전문성을 쌓게 된다. 사회적 성공의 발판을 마련했을 뿐 아니라 인간관계에서도 많은 통찰을 얻을 수 있다. 실수나 실패를 경험했고 후회나 고통도 수없이 겪었다. 이처럼 경험을 통해서 좀 더 나은 인생을 살아야겠다는 마음가짐을 갖는 어른이 되어간다.

그런데 40대가 되어서도 성숙하지 못한 채 여전히 세상의 중심은 나라고 생각하고 이기적인 마음을 버리지 못하는 사람이 있다. 이들은 오직 나의 안위만을 생각한다. 그동안 실수를 통해서 그렇게 살면 안 된다는 것을 뻔히 알면서도 바뀌지 않는다. 이런 사람들은 결국 50, 60대가 되어도 그렇게 살다 세상을 떠난다.

자신이 삶의 주체가 되기보다는 남의 눈치만 보는 사람도 있다. 이런 사람은 자기 생각보다는 윗사람의 의견을 맹목적으로 따른다. 생계를 위한 어쩔 수 없는 선택이라 하더라도 양심을 저버리는 행동을 당연시해서는 안 된다. 이런 사람들은 누군가에게 종속적으로 살면서 느낀 억울함을 아랫사람들에게도 풀어낼 가능성이 크다.

남들의 원망을 받는다는 것을 잘 알지만 사람의 태도는 쉽게 바뀌지 않는다. 옳고 그름을 판단하는 능력이 없거나, 설사 그러한 능력이 있더라도 굳이 인정하려 들지 않는다. 현재 자신의 지위와 현실에 안주하고 있기 때문이다. 그래서 누군가의 영원한 종이 되거나 또는 영원한 권력자가 되는 이들이 많다.

사랑하는 마음이 남아 있는가

남을 배려하고 공감하기보다는 나의 안위만을 위해서 사는 사람들은 '공감 능력'이 결여되어 있다. 그래서 죄책감을 느끼지 않는다. 내가 무심코 던진 한마디나 행동이 누군가에게 평생 남을 상처가 될 수 있음에도 불구하고 이를 인정하지 않는다. 일종의 소시오패스 같다. 사이코패스처럼 범죄를 저지르지는 않지만, 자신의 성공을 위해 타인에게 정신적 물질적으로 피해를 주고는 양심의 가책을 느끼지 않는 것이다.

공자는 철없는 40대에 대해서 꽤 냉정한 태도를 취했다. 40대가 되어서도 다른 사람들의 미움을 받는다면 '인생은 끝'이라고 일갈했다. 《논어》에서 공자가 이렇게 냉정하게 말한 경우는 좀처럼 찾아볼 수 없다. 이는 자신의 나이에 책임을 지라는 통렬한 비판이다. 공자는 도를 추구하는 삶, 즉 입신양명보다는 먼저 인과 예를 생각하고 꾸준히 공부하라고 강조했다. 자신만 챙기고 다른 사람들을 이용하거나 상처주는 사람들은 용서할 수 없다는 의미다.

이 세상에는 수많은 이들에게 상처를 주고도 태연히 잘 사는 사람들이 많다. 도무지 정의가 없다는 생각이 들 때도 있다. 하지만 대대로 '업'이라는 말이 있듯이 자신이 쌓은 업보는 언젠가 되돌려 받는다. 공자가 덕을 쌓으라고 입이 아프게 말한 이유도 나의 업보뿐만 아니라 후손을 위해서이기도 하다.

무인도에서 나 혼자 살 것이 아니라면 남들과 공감하고 남들을 배려하는 마음을 잊어서는 안 된다. 결국 인간에게 중요한 것은 사랑이다. 나를 욕되게 하는 것은 결국 나 자신을 사랑하는 행위가 아

니다. 40대를 중심으로 서술했지만 불혹이 아니어도 인간에게 사랑
은 중요하다. 나이에 상관없이 불현듯 '내가 제대로 잘 살고 있는
걸까?'라는 의문이 들 때면 이 질문을 던져보자.

"내 안에는 여전히 나와 누군가를 사랑하는 마음이 남아 있는
가?"

가식적인 삶을
경계해야 하는 이유

공자께서 물어보셨다. "사야, 너도 미워하는 것이 있느냐?" 자공이 대답했다. "남의 지식을 훔쳐 자신의 지식인 양 여기는 사람을 미워하고, 불손한 태도를 용기로 여기는 사람을 미워하며, 남의 비밀을 폭로하는 것을 정직으로 여기는 사람을 미워합니다." _〈양화〉 17.24

子曰 "賜也亦有惡乎." 子貢曰 "惡徼以爲知者,
자 왈   사 야 역 유 오 호   자 공 왈   오 요 이 위 지 자

惡不孫以爲勇者, 惡訐以爲直者."
오 불 손 이 위 용 자   오 알 이 위 직 자

사회생활을 하다 보면 별의별 사람을 다 만나게 된다. 누군가는 우스갯소리로 '또라이 질량 불변 보존의 법칙'이라고도 말한다. 어느 그룹에나 생각이 모자라고 행동이 어리석은 몇몇 사람이 반드시 있다는 말이다. 그중에서 최악으로 분류되는 사람은 다른 사람의 공을 가로채고, 떠벌리기를 좋아하고, 상대방의 사소한 과실도 놓치지 않고 공격하는 사람이다.

공자의 제자인 자공은 이 세 가지의 문제점을 갖고 있는 사람을 특히 싫어했다. 그것은 군자의 덕목이 아니고, 도를 따르는 삶이 아

니기 때문이다. 물론 공자도 이에 대해서 공감을 표시했다.

자신이 정직한 사람인가를 물어야 한다

군자가 아닌 사람은 어디서든 만날 수 있다. 학계에서도 이러한 일이 비일비재하다. 예전보다는 많이 개선되었지만 여전히 석사나 박사 과정의 학생이 열심히 분석하고 연구한 것을 지도 교수가 마치 자신만의 업적인 양 과시하는 일이 종종 있다. 상대적으로 약자인 학생은 이러한 불합리를 겪고도 참을 수밖에 없다. 문제는 이 학생이 나중에 교수가 될 때 이러한 악순환의 고리를 끊지 않는 경우다. 그것을 일종의 관례라고 생각해서 자신도 그러한 일을 반복한다.

비단 학계만의 일이 아니다. 회사에서는 또 어떤가? 역시 지금은 많이 사라졌지만, 과거에는 자신의 후배나 부하직원이 만든 자료나 기획안을 마치 자신의 공적인 것처럼 포장해서 보고하는 사람들이 있었다. 이런 부류의 사람들은 말도 청산유수다. 말이 행동보다 앞서는 류의 사람일수록 상대방의 실수에는 관대하지 않다. 작은 꼬투리라도 잡으면 들개처럼 달라붙어서 물어뜯는다.

일종의 암묵적인 거래가 있는 경우도 있다. 나를 잘 밀어주면 너도 나중에 끌어주겠다는 식의 거래 말이다. 하지만 이러한 거래를 믿고 있다가 배신을 당하는 경우도 있고, 설혹 그 거래가 이루어진다고 하더라도 결국 또 다른 악순환이 반복될 뿐이다. 물론 양심적인 사람들도 많다. 자신의 공功보다는 동료나 후배들의 노고를 잊지 않는 이들. 이러한 사람들은 덕을 쌓으면서 다른 이들로부터 진심으로 존경을 받는다.

정의로운 사람이 잘 되고 그렇지 않은 사람들은 제대로 된 대가를 받아야 한다. 하지만 아직도 우리 사회에서는 정직이 큰 미덕으로 자리 잡지 못했다. 누구보다 열심히 일하고 노력을 하면서도 인정을 못 받는 경우가 많다. 반대로 뛰어난 정치력을 발휘해서 모든 결과를 자신의 공으로 돌리는 사람도 많다.

그런데 내가 피해자일 수도 있지만 반대로 가해자일 수도 있다. 지금 한번 생각해보자. 혹시 상대방이 각고의 노력으로 거둔 성과를 내 것으로 가로채거나 아무런 문제의식 없이 가져다 쓰지는 않는지 말이다. 이런 유혹은 시시각각 받게 마련이다. 때론 리더가 되기 위해 필요한 당연한 처세라 생각하고 아무런 가책을 느끼지 않기도 한다. 하지만 양심 없는 행위로 누군가는 삶의 동기를 잃고 크나큰 자괴감을 느낄 수 있음을 상기해야 한다.

과정을 중시하는 정직한 세상을 꿈꾸며

몇 년 전 노벨 경제학상을 공동 수상한 노교수의 일화가 화제가 되었다. 어느 늦은 밤, 스탠퍼드대학교의 폴 밀그럼 교수는 스승인 로버트 윌슨 교수의 방문을 받았다.

"폴! 자네 노벨상 받았어!"

"제가요?"

그들은 40미터 거리에 사는 이웃이었다. 노벨상 공동 수상 소식을 먼저 들은 80대 스승은 아직 이 사실을 모르고 있는 제자를 직접 찾아갔다. 노교수의 따뜻한 마음도 감동적이지만 윌슨 교수의 제자 두 명이 이미 그보다 앞서 노벨상을 수상했다는 점도 놀랍다. 제자들의 연구 결과가 널리 인정받을 수 있도록 로버트 윌슨 교수가 상당히 노력했음을 알 수 있다.

2020년 노벨경제학상 수상은 윌슨 교수 제자의 강력한 추천도 한몫했다고 한다. 이렇게 서로 밀어주고 끌어주는 관계는 가장 이상적인 스승과 제자의 관계다. 또한 순수하고 정직하게 노력하는 삶이 얼마나 중요한지도 알려준다.

우리 주변에서도 이런 훈훈한 광경을 자주 본다면 얼마나 좋을까. 스승이 제자를 위해서 순수한 마음으로 노력하고, 제자가 성공하는 것을 흐뭇하게 바라봐주는 관계. 물론 회사에서는 이런 관계를 맺기가 쉽지 않다. 조직사회는 경쟁과 생존을 성장의 동력 중 하나라고 생각하기 때문이다. 조직 구성원들의 마음은 늘 성과에 쫓길 수밖에 없고 남의 공을 가로채서라도 앞서가려고 한다.

다행히 일부 회사에서는 경험 많은 전문가의 존재를 인정하고,

임원과 전문가의 영역을 구분하기 시작했다. 대다수의 조직에서도 그렇게 된다면 사람들이 좀 더 자신의 업무에 집중하고, 누군가의 공을 가로채는 일도 줄어들 것이다.

염치가 없는 사람들은 남이 애쓴 공을 가로채고, 떠벌리고, 시기하면서 앞서가는 것을 당연시한다. 과정보다는 결과를 중요시하는 사회적 풍토도 문제다. 그럼에도 포기하지 않아야 한다. 겸손하고 정직한 사람이 인정받을 수 있는 사회를 만들어가는 노력을 멈춰서는 안 된다. 그리고 그러한 변화는 다른 누구도 아닌 나로부터 시작된다.

사람답게 산다는 것,
기본이자 가장 어려운 것

맹무백이 여쭈었다. "자로는 인합니까?" 공자께서 대답하셨다. "모르겠습니다."

_〈공야장〉 5.7

孟武伯問 "子路仁乎?" 子曰 "不知也."
맹 무 백 문 자 로 인 호   자 왈 부 지 야

춘추시대에는 인재를 등용할 때 과거시험을 거치지 않고(수나라 문제 이후 과거가 시행되었다) 추천을 받아 선발했다. 그렇기 때문에 명망 있는 사람의 추천은 출세의 보증수표나 다름없었다.

당시 위정자들은 공자에게 제자들의 자질에 대해서 자주 물었다. 스승의 마음 같아서는 당연히 좋은 말을 해주는 것이 도리이나 공자는 자신이 느낀 바를 가감 없이 이야기했다. 노나라의 대부 맹무백이 공자의 제자 자로, 염유, 자화에 대해서 질문했다. 먼저 "자로가 인합니까?"라고 성품을 묻자 공자는 "모르겠습니다."라는 의외의 답변을 했다.

염유에 대해서도 마찬가지였다. "모르겠습니다." 자화에 대해서도 역시 같은 답변이었다. 대신 자신의 제자가 지닌 능력은 인정했다. 우선 자로에 대해서는 제후국에서 세금을 관리할 만하고, 염유는 경대부(높은 대부) 집안에서 우두머리 직책을 할 수 있고, 자화는 빈객을 접대하면서 이야기를 나눌 수 있는 정도라고 했다.

공자가 제자들의 성품 평가에 엄격했던 이유

공자가 제자들의 성품에 대해서 다소 박하게 평가한 이유는 무엇일까? 그만큼 인의 경지에 제대로 도달한다는 것은 어렵기 때문이다. 오죽하면 그가 후계자라고 생각한 안연에 대해서도 '단 석 달 동안' 인을 어기지 않았을 뿐이라고 했을까.

그만큼 인을 꾸준히 실천하기란 쉽지 않다. 아무리 학문을 닦고 사색을 해도 자기도 모르게 안 좋은 습관이 나온다. 힘든 것을 멀리하고 편하고 쉬운 것을 찾아가는 것이 인간의 본능이기 때문이다.

예를 들어 충서忠恕의 중요성을 깨닫고 상대방에게 진심을 다하며(충), 그 사람의 입장(서)에서 이해하려고 결심했다고 하자. 최선을 다해 공감하다가도 어느 순간 나도 모르게 지치고, 악마와 천사가 나의 어깨 위에서 속삭인다. '왜 나만 노력해야 하지? 저 사람은 나에게 해주는 것이 없는데?'라는 마음이 들끓는다. 그러다가 또 '아니야, 생각해보면 고마운 것도 있었지. 계산하지 말고 해보자'라며 마음을 다잡기도 한다. 하지만 머릿속으로는 아무리 좋은 일이라고 생각해도 내 본능이 그것을 거부할 수 있다. 그러면서 현실과 타협하고 자신을 정당화한다.

이처럼 좋은 마음으로 꾸준히 선행을 하기란 쉽지가 않다. 한 번 정도 착한 일을 하는 것은 누구나 할 수 있다. 하지만 반복해서 지속적으로 선행을 하기란 매우 어려운 일이다. 그럴 때는 내가 추구하는 가치를 다시 한번 상기시켜야 한다. '나는 왜 인을 행하려고 하는가?', '굳이 내가 행하지 않아도 세상은 잘 돌아갈 텐데 꼭 내가 해야 하는 이유는 무엇일까?', '나에게 인은 도대체 어떤 의미인가?' 스스로에게 이런 질문을 해야 다시 마음을 다잡을 수 있다.

내가 지켜야 할 최소한의 도리를 깨달아라

공자가 제자들에게 끊임없이 인의 중요성을 강조한 것도 이와 같은 이유에서다. 한 번의 가르침만으로는 금방 잊어버리고 실천하기 어렵기 때문이다. 공자는 때로는 부드럽게, 때로는 엄하게 인을 강조했다.

'마을이 인한 것은 아름다운 일이다.'(〈이인〉 4.1), '인하지 못한 사람은 오랫동안 검소함과 즐거움에 머물지 못한다.'(〈이인〉 4.2), '인에 뜻을 두고 있으면 악함이 없다.'(〈이인〉 4.4), '군자가 인을 버리고 어찌 이름을 떨치겠는가?'(〈이인〉 4.5)

그가 이처럼 인을 지속적으로 강조한 것은 아름다운 세상을 만들기 위함이었다. 인仁은 사람 인人과 둘 이二로 이루어져 있다. 두 명의 사람, 즉 사람 간의 관계를 뜻하기도 한다. 내가 인하지 않으면 상대방도 마찬가지다. 내가 무례하게 굴면 상대방도 나를 그렇게 대할 것이다. 반면 내가 진심과 정성을 다해서 공손하게 대한다면 상대방도 회답할 것이다. 적어도 인격을 갖춘 사람이라면 말이다.

내가 최선을 다해 인을 추구했는데 그에 대한 대가를 바로 못 받는다고 실망할 필요는 없다. 덕이 있는 곳에 사람이 모이듯 나와 함께할 선인들은 나타나게 마련이다. 또한 인과 함께하면 나의 마음이 편하다. 이익을 추구하는 사람은 늘 초조하고 성급하다. 남을 원망하고 스스로 탐욕을 주체하지 못한다. 아무리 돈을 벌어도 감사한 마음을 갖지 못하고 질투심을 불태우니 행복할 수가 없다.

인을 통해서 올바른 인간관계를 추구하고 나를 수행하면서 행복을 찾아야 한다. 증자는 매일 자신을 세 번 반성하면서 도를 닦았다. 안연은 하루에 밥 한 그릇과 물 한 표주박을 마시면서 끊임없이 극기복례의 정신으로 인의 경지에 오르고자 했다. "예가 아니면 보지 말고, 듣지 말고, 말하지 말고, 실행하지 말라."라는 스승의 말을 고지식할 정도로 지켰다. 그만큼 인의 경지는 높기만 하다. 각고의 노력과 자기반성 없이는 이를 수 없다.

하지만 평범한 일상 속에서 최소한의 도리를 행하며 사는 것은 중요하다. 부모이자 자식으로서, 형제자매로서, 직장의 상사이자 동료로서 내가 지켜야 할 최소한의 도리가 무엇인지 깨닫고 그것을 삶의 태도로 다져나가야 한다.

{ 마음을 다스리는 논어 한 줄 }

"자기를 극복하고 예로 돌아가면 인이 된다. 하루라도 자신을 극복하여 예로 돌아가면 천하가 인으로 돌아가게 될 것이다." 〈안연〉 12.1

한글 필사 : _____

_____

_____

나의 생각 : _____

_____

_____

_____

"나는 하루에 세 번 나 자신을 반성한다. 남을 살피는 데 진심을 다했는 가? 친구와 사귀는 데 믿음을 주었는가? 배운 것을 습득했는가?" 〈학이〉 1.4

한글 필사 : _____

_____

_____

나의 생각 : _____

_____

_____

_____

"유야! 너에게 앎을 가르쳐주려 한다. 아는 것을 안다고 하고, 모르는 것을 모른다고 하는 것이 참으로 아는 것이다." 〈위정〉 2.17

한글 필사 : _____

_____

_____

나의 생각 : _____

_____

_____

_____

"사람은 정직하게 살아가야 하는데, 속이면서도 잘 살아간다면 요행히 (화, 죽음을) 면한 것이다." 〈옹야〉 6.17

한글 필사 : _____

_____

_____

나의 생각 : _____

_____

_____

_____

_____

제5장

실천

實踐

매달린 절벽에서
손을 뗄 수 있는가?

선이 분명한 사람,
선을 지키는 사람

공자께서 말씀하셨다. "인의 정신을 발휘할 때는 스승이라 해도 양보하지
않는다." _〈위령공〉 15.35

子曰 "當仁, 不讓於師."
자 왈　당 인　불 양 어 사

"침묵을 원하는 자, 모두가 공범이다."

검찰과 경찰의 이야기를 다룬 드라마 〈비밀의 숲〉의 메인 카피
다. 이런 소재의 이야기를 다룬 영화나 드라마는 수없이 많다. 그럼
에도 계속해서 이러한 작품이 각광을 받는 이유는 무엇일까? 아마
도 현실에서 해결하지 못한 사회의 부조리가 가상의 공간에서는 해
결될 것이라는 기대 때문일 것이다. 정의가 승리했을 때 우리는 진
한 카타르시스를 느낀다.

냉철하고도 정의로운 황시목 검사(조승우 분)와 한여진 경감(배두나

분)은 부정한 검사와 경찰 그리고 기업에 맞선다. 그런데 악당이라고 해서 피와 눈물도 없는 아주 사악한 사람들이 아니다. 각자 억울한 스토리가 있고 지극히 사사로운 이익을 추구한 사연도 있다. 물론 그렇다고 부정한 행위가 정당화될 수는 없다.

이 드라마는 검경유착과 검찰과 경찰의 수사권 싸움이 주를 이루지만 가장 중요한 메시지는 '침묵의 문제점'을 지적한 데 있다. 우리는 대부분 정의롭지 못한 일을 행하거나 불의와 부정 앞에서 눈감을 때 '이 정도면 괜찮겠지. 내가 안 하면 다른 사람이 하겠지'라는 식으로 자신을 정당화한다. 이러한 개개인의 침묵과 정당화는 결국 사회 부조리와 악의 근원이 될 수 있다.

결코 넘어서면 안 되는 '선'이 있다

세상의 모든 부정한 일들은 욕심에서 비롯된 것이다. 그것은 아주 사소한 것에서부터 시작하지만 다른 사람들에게 큰 영향을 미치고, 어느 순간 선을 넘어서 걷잡을 수 없는 결과를 야기한다. 그런데 '선'線이라는 것은 무엇인가? 그것은 사회적 규범에 의해서 제약을 받거나 또는 사람들이 암묵적으로 동의하는 규칙을 말한다. 때로는 그 선이 애매한 경우도 있다. 법으로는 문제가 없으나 도덕적으로는 문제가 되는 경우다.

공자는 인의 정신을 발휘할 때 이 선을 대수롭지 않게 넘기면 안 된다고 강조했다. 스스로 솔선수범해서 지켜야 할 선인데 '나 하나쯤은 괜찮지 않을까? 오늘 하루인데 뭐 어때, 나 말고도 할 사람은 있겠지'라는 안일한 생각으로 이 선을 넘어서면 생각지도 못한 부메랑이 나에게 되돌아온다는 것이다.

스쿨 존의 운전 제한 속도가 30킬로미터라면 그것은 반드시 지켜야 한다. 남들이 40~50킬로미터로 달린다고 나도 같은 속도로 달리다가 사고를 내면 돌이킬 수 없는 과오를 저지르게 된다. 코로나19로 음식점에 제한 인원이 정해져 있는데도 욕심이 나서 법을 어기고 손님을 더 받을 경우, 마침 그 손님들 중 확진자가 있어서 식당 안의 다른 손님들이 감염될 수도 있다. 사소한 경우는 마스크를 착용하는 문제도 있다. 나 하나쯤 마스크를 안 쓴다고 뭐가 문제가 될까 싶어 슬쩍 벗었다가 다른 사람에게 바이러스를 옮길 수도 있다.

이러한 사소한 행위는 모두 공자가 강조한 인을 도외시하기 때문이다. 앞서 여러 번 언급했듯 인은 사랑이다. 나를 사랑한다면 인을 지켜야 하고, 나에 대한 사랑은 다른 사람에 대한 사랑으로 연결된다.

회사에서도 마찬가지다. 회사 경영과 비전을 나누는 일은 경영진이 알아서 할 일이라고 생각하면서 나는 내 일만 잘하면 된다고 생각할 수 있다. 물론 사회 초년생은 당연히 주어진 일을 하는 것만으로도 벅찰 것이다. 하지만 회사에서 근속연수가 늘어나고 후배가 많아지면 자신의 역할을 좀 더 거시적인 안목으로 바라봐야 한다. 나의 일뿐만 아니라 후배들의 능력을 키워주기 위한 노력도 필요하다. 후배에게 업무를 가르치면서 나도 그들에게서 새로운 것을 배우니 일거양득이고 이 또한 인을 실천하는 과정이다.

또한 회사에 적응을 잘 못하는 동료나 후배를 봤을 때는 그냥 지나쳐서는 안 된다. 선배나 상사로서 그들의 고충을 들어주고 자신의 경험담을 바탕으로 멘토링을 해주어야 한다. 단순히 필요할 때만 위로해주는 걸로는 해결되지 않는다. 늘 관심을 갖고 상황을 살피면서 적절하고 실질적인 조언을 해주어야 함께 성장할 수 있다.

침묵에서 깨어나 부릅뜬 눈으로 세상을 보라

> "대중이 싫어하는 것은 반드시 살펴야 하며, 대중이 좋아하는 것도 반드시 살펴보아야 한다." _〈위령공〉 15.27

공자의 이 조언은 어떤 사건이나 대상에 대해 반드시 그것이 정당한지 여부를 살펴보는 비판적 시각을 가지라는 의미다. 알면 성찰할 수 있고 나아가 행동하게 된다. 우리는 그동안 '침묵'을 일종의 미덕으로 생각했다. 위에서 부당한 지시를 해도 반박하지 않고 그대로 따르는 것이 옳다고 여겼다. 반항하면 그만큼의 대가를 치르기 때문이기도 하다.

〈비밀의 숲〉의 두 번째 시즌 이야기를 해보자. 경찰청 정보국장 겸 수사구조혁신단 단장으로 나오는 열혈 경찰 최빛은 그야말로 뛰어난 두뇌와 판단력을 가진 경찰이다. 한여진 경감이 유일하게 존경하던 경찰이기도 하다. 그런데 그녀는 직장 상사의 잘못을 덮어준 죄로 자신의 경력을 접어야 했다. 다만 그녀는 자신의 죄를 인정하는 용감한 모습을 보여줬다. 문제는 그 부하들의 태도다. 이들은 최빛 단장이 상사의 잘못을 뒤집어썼기 때문에 억울하다는 반응을 보였다. 오히려 이러한 문제를 캐낸 한 경감이 의리를 저버렸다며 그녀를 왕따시킨다.

우리도 별반 다르지 않다. 상사의 명령에 복종하고, 그것이 부당하더라도 자신이 뒤집어쓰고 그 대신 더 나은 미래를 보장받고 싶어한다. 또한 강력한 충성심을 보이면서 온갖 부당한 일을 처리한 서동재 검사가 더 인간적이라고 생각한다. 반면 침묵을 깨고 정의를 위해서 모든 것을 버리는 황시목 검사가 비현실적으로 느껴지는 건 현실 세계에서는 그런 사람이 거의 없기 때문인지도 모른다.

그나마 다행인 것은 그래도 좋은 일을 하고 인을 실현하기 위해서 노력하는 사람들이 여전히 많다는 점이다. 다른 사람의 생명을 지키기 위해서 자신의 목숨을 건 사람들은 물론 소신을 갖고 목소리를 높이는 사람들도 늘어나고 있다. 침묵이 아닌 연대와 실천으로 인을 행하는 구성원들이 많아져야 정의는 실현될 수 있음을 잊지 말자.

말한 것을
실천하는 사람은 아름답다

마구간에 불이 났다. 공자께서 조정에서 퇴청한 후 말씀하셨다. "사람이 다 쳤느냐?" 그리고 말에 대해서는 묻지 않으셨다. _〈향당〉10.12

厩焚, 子退朝, 曰 "傷人乎, 不問馬."
구 분　자 퇴 조　왈　　상 인 호　불 문 마

우리는 사회적으로 성공한 사람들을 두고 가끔 착각하는 경우가 있다. 그 사람의 지위만큼 인품이나 격이 높을 거라고 생각하는 것이다. 물론 그런 사람도 있지만 그렇지 않은 경우도 많다. 이런 사람들은 대외적으로는 대의를 위한다고 말하지만 실제로 자신의 명예와 지위를 더 중요시한다. 한마디로 믿음을 배신하는 경우다.

　말과 행동은 나의 가치를 지키면서 '가치관'을 대변해야 한다. 하지만 명성과 지위를 유지하기 위해 내가 믿지도 않는 가치를 수호하는 척하는 이들이 있다. 대중들은 그 모습에 곧잘 속아 넘어간다.

사회적으로 명망 높은 저명인사의 모습을 하고 있었는데 자녀들의 교육 비리가 가득하다거나 어려운 사람들을 대변하며 앞장서는 줄 알았는데 자기 주머니나 채우는 이들의 이야기가 얼마나 많은가.

선망의 자리에 오를수록 스스로를 경계하라

우리 사회에서는 이런 일이 다반사로 벌어지고 있다. 자신의 지위나 명예는 대중에게 보여지는 것일 뿐이고 행동은 그에 반하는 경우 말이다. 그런데 이들이 여전히 득세하는 이유는 대중이 진실을 파악하지 못하고 있거나 사실과 관계없이 맹목적으로 믿기 때문이다.

정치인, 종교인, 철학자, 강연자, 교육자 등 대중에게 힘과 용기, 깨달음을 주어야 하는 이들 중에도 이런 사람이 있다. 자신이 갖고 있는 지위를 악용해 불미스러운 행동을 하거나 심지어 사회적 약자를 대상으로 나쁜 짓을 저지르기도 한다.

물론 누군가 자신을 찰떡같이 믿어주고 신처럼 숭배한다면 나의 가치관과 다르게 나쁜 행동을 하고 싶은 유혹이 생길 수도 있다. 그럴 때 자신의 욕심을 경계하고 마음을 다잡는 것이 무엇보다 중요하다. 극기복례의 가르침이 중요한 이유다. 공자가 구름떼처럼 자신을 따르는 제자들 앞에서 늘 몸가짐을 조심했던 것도 이 때문이다.

공자도 대하기 쉬운 스승은 아니었다. 제자들을 아끼는 인자하면서 자상한 스승이었지만 추구하는 바가 높았고, 제자들이 따라가기에 너무 높은 경지에 있었다. 음식을 먹는 것부터 행동거지, 걸음걸이, 잠자는 것까지 예를 지키기 위해서 노력하니 제자들로서는 숨이 막힐 지경이었다.

또한 공자는 도덕정치를 추구하면서 당시 현실정치에 눈을 뜬 제자들과 일부 마찰이 있었다. 그럼에도 사소한 일상생활에서조차 인과 예의 정신을 놓지 않았다. 당시 마구간은 굉장히 중요한 자산임에도 불구하고 그의 집 마구간에 불이 났다는 소식을 들었을 때 사람의 안위부터 걱정했다.

그 뿐만이 아니다. "고을의 술 모임이 끝났을 때는 나이 드신 어른이 먼저 가도록 하고 그 뒤에 나왔다."(〈향당〉 10.10), "벗이 죽었을 때 거둬줄 곳이 없으면 공자는 자신의 집에 빈소를 차리고 장례를 대신 치르겠다고 하였다."(〈향당〉 10.14) 이와 같이 공자는 제자들에게 사람을 사랑하고, 예를 갖추라는 말을 단지 말로만 끝내지 않았다. 본인이 직접 행동으로 보여줌으로써 제자들이 이를 보고 따르도록 했다.

아주 사소한 것부터 언행일치하라

제아무리 좋은 명언을 매일 읽는다 해도 그것을 나의 삶에서 실천하지 않는다면 공허한 메아리일 뿐이다. 다만 너무 거창하게 생각하지는 말자. 인과 예를 실천한다는 것은 아주 단순하면서 사소한 것에서 시작된다.

가령 부모는 아이들 앞에서 욕이나 경솔한 말을 삼가면 된다. 식당에서도 종업원에게 예의를 갖추고 '손님은 왕'이 아니라 사람은 누구나 동등한 인격체라는 배움을 실천하면 된다. 그들도 누군가의 소중한 아들과 딸이고 부모다. 식당 직원도 마찬가지다. 손님에게 예의를 갖추고 자신이 맡은 일에 최선을 다하면서 스스로 일의 의미를 찾는다면 힘들고 고달프다는 생각에서 자유로울 수 있다.

이렇게 덕은 아주 사소한 곳에서 실현된다. 이를 제대로 실천하면서 그 가치를 설파하는 사람이 진정한 지식인이고 스승이 될 자격이 있다. 그렇기 때문에 나이가 들고 사회적 지위가 올라갈수록 말로 자신의 가치를 드러내지 말아야 한다. 그보다는 스스로의 삶에서 그 가치를 제대로 실현하고 있는지를 먼저 돌아봐야 한다. 이제는 누군가에 대한 정보나 구설수가 실시간으로 SNS에 오르는 세상이다. 굳이 남의 시선을 의식하지 않더라도 몸에 인과 예를 체득하고 있어야 한다.

예보다 더 중요한 것은 인이다. 예는 표현 방식이고, 인은 마음가짐이다. 사랑하는 마음의 기본이 없는 상태에서 예를 중요시하는 것은 속빈 강정과 같다. 공자는 "인하지 않으면 예 같은 것은 소용이 없다."(〈팔일〉 3.3)라고 말할 정도였다.

공자는 완벽한 사람이 아니었다. 예절을 꽤 까다롭게 따지고(그래서 젊은 시절 노자에게 한소리를 들었다) 제자들의 수행을 위해서 이런저런 잔소리를 많이 했다. 당시 상황을 반영했다고 하더라도 어쨌든 그는 신분제를 옹호했다. 그럼에도 공자는 언행일치를 제대로 실현한 사람이었고 그랬기에 성인이 될 수 있었다. 물론 그의 덕행은 따뜻한 사랑인 인에서 시작했음을 잊지 말아야 한다.

허울 좋은 말을 버리고
행동으로 증명하라

자공이 군자에 대해 여쭙자, 공자께서 말씀하셨다. "우선 실행하고, 그 말이 이후에 따르게 하라." _〈위정〉 2.13

子貢問君子, 子曰 "先行其言而後從之."
자 공 문 군 자 자 왈   선 행 기 언 이 후 종 지

화려한 복장의 자공이 눈을 반짝이며 공자에게 진지하게 물었다. "스승님, 군자가 되려면 어떻게 해야 할까요?" 공자는 잠시 생각에 잠겼다. '음. 네가 평소에 말솜씨로 사람들을 현혹시키니….' 그러고는 이렇게 대답했다. "군자가 되려면 먼저 행동부터 하고 그다음에 말을 해야 한다."

《논어》의 〈위정〉에 나오는 이 대목을 읽다 보면 자공에 대한 스승의 애정이 느껴진다. 그는 자공이 남달리 입심이 세고 상대방을 설득하는 재주가 뛰어나다는 것을 잘 알고 있었다. 하지만 그가 행

동보다 말이 앞서는 것을 늘 염려했다. 그래서 공자는 행동의 중요
성을 강조했다.

말로 흥한 자를 경계하라

사마천의 《사기》〈중니제자열전〉에 이런 내용이 있다. "자공은 싸게
사서 비싸게 파는 일을 좋아해 때를 보며 돈을 잘 굴렸다. 그는 상대
방의 장점을 칭찬했으나 잘못을 덮어주지는 못했다." 공자가 자공
을 칭찬하면서도 늘 경계하는 마음을 갖도록 꾸짖었던 이유가 바로
여기에 있다. 자공은 남을 칭찬하는 데 후했으나 비평하는 데도 능
했기 때문에 당연히 그를 원망하는 사람이 많았을 것이다.

  하지만 그는 스승 앞에서 겸손했고 진심으로 존경했다. 돈도 많
고 권력을 가졌기 때문에 주변에서는 그가 스승보다 낫다고 부추겼
지만 결코 자만하지 않았다. 심지어 주변에서 "중니(공자의 자)가 어
찌 당신보다 현명하겠습니까?"라고 대놓고 칭찬을 하자 그는 "스
승님과 견줄 수 없는 것은 마치 하늘을 사다리로 오를 수 없는 것과
같습니다."(〈자장〉 19.25)라며 겸손하게 답했다. 그는 공자의 마지막
임종을 지켜봤고 3년 상을 두 번이나 치른 것으로 알려졌다.

  오늘날에도 자공처럼 언변이 뛰어나면서 예를 갖추는 사람이 인
정받는다. 화려한 언변은 자신에게 큰 무기다. 하지만 행동보다 말

이 너무 앞서나가면 일을 그르치고 화를 입을 수 있다. 말로는 도덕적 삶의 중요성을 강조하지만 정작 자신은 그것을 실천하지 않을 때가 그렇다. "갑질을 하면 안 됩니다. 나보다 약한 사람을 보호하고 존중해야 합니다."라고 주장하면서 정작 자신은 아랫사람에게 반말을 일삼고 자신보다 지위가 낮은 사람을 업신여기는 경우다.

그 사람이 진정 어떤 품성을 가진 사람인지 알려면 완장을 채워주면 된다는 말이 있다. 권력을 손에 쥐었을 때 자신도 모르게 본성이 드러나게 마련이다.

행동을 직접 보이고 말과 글로 담아라

공자의 제자 증자는 자공과는 정반대의 성격이었다. 그는 공자조차도 답답하게 여길 정도로 우직했다. 하지만 증자는 스승에게서 배운 것을 항상 되새기면서 실천하려고 노력했다. 결국 노나라에 남아서 공자의 학문을 계승했던 사람은 다른 뛰어난 제자들이 아니라 꾸준히 그리고 조용히 노력했던 증자였다.

그런데 증자 같은 유형의 사람은 인정받지 못하는 경우가 많다. 세상에는 묵묵하게 열심히 일하는 사람을 실컷 부려먹고 자신의 공적으로 포장하는 파렴치한 이들이 넘쳐난다. 때문에 내가 이룬 업적이나 성과물을 잘 보여주는 능력도 중요하다. 그러기 위해서는 우선 말을 잘해야 한다. 화려한 언변을 이야기하는 것이 아니다. 상대방의 말을 잘 경청하고, 내가 하고 싶은 말을 정확하게 전달하는 것이다. 빠른 말로 또는 과장된 언어로 상대방을 현혹시키는 것은 한순간일 뿐이다. 그 말에 현혹된 사람들은 나중에 실망하고 떠난다. 가장 이상적인 경우는 나의 행동으로 직접 보여주고 말이나 글로 알리는 것이다. 그렇게 하다 보면 점차 인지도가 올라가고 인정받을 수 있다.

물론 목표를 먼저 내뱉고 그 말을 지키기 위해 노력하는 경우도 있다. 중국어를 잘한다고 했으니 더 노력해서 실력을 키우려 하고, 만 보를 걷는다고 했으니 그 말을 지키기 위해서 만 보를 걷게 되는 것이다. 하지만 이는 실행력이 좋은 사람에 해당하는 이야기다. 그렇지 않은 사람은 계속 행동보다 말이 앞서게 된다.

자공은 뛰어난 언변을 자랑했지만 그만큼 실력도 좋았다. 말만 앞서는 사람이 아니었다. 그랬기 때문에 공자에게 꾸지람을 들어도 불만을 품지 않았고, 자신의 단점을 깨닫고 늘 가르침을 청했다. 증자는 말로 자신을 드러내거나 상대를 설득하기보다 행동으로 보여주었다. 이처럼 자공과 증자는 각기 능력이 달랐다. 하지만 둘 다 공자의 인정을 받을 수 있었던 건 진심과 행동 없이 말만 앞세우지 않았기 때문이다. 이들의 태도는 말로 세상을 얻으려는 이들에게 그보다 더 중요한 게 무엇인지 일깨워준다.

말의 무거움은
생의 무게다

공자께서 말씀하셨다. "옛사람들이 말을 함부로 내뱉지 않은 것은 자신이
미치지 못할 것을 부끄럽게 여겼기 때문이다."   _〈이인〉 4.22

子曰 "古者言之不出, 恥躬之不逮也."
자 왈   고 자 언 지 불 출   치 궁 지 불 체 야

말을 가벼이 하지 않는다는 것의 진정한 의미는 무엇일까? 그 해답
은 공자가 제자인 자장에게 한 말에서 찾아볼 수 있다. 자장은 처음
에는 출세에 관심을 갖고 학문을 시작했다가 점차 사물의 이치와
도리를 깨달아가면서 학문의 깊이를 더하게 된다. 그는 나중에 자
신만의 학파인 '자장파'를 만들 정도로 크게 성장한다.

  공자는 관직을 구하려는 자장에게 다음과 같이 이야기했다. "많
이 듣고서 의심나는 것은 말하지 말며, 그 나머지는 신중하게 말해
라. (중략) 말하는 데 과실이 적고 행동에 후회가 적으면 관직과 봉

록은 자연히 얻게 된다."(〈위정〉 2.18)

즉 말을 할 때 신중해야 하며 모르는 것은 아는 척하지 말라는 의미다. 괜스레 아는 척하다가 오히려 후회할 수 있다. 모르면 모른다고 용기 있게 이야기하거나 스스로 깨치기 전에는 입에 올리지 말아야 한다. 이보다 더 중요한 것은 '경청'이다. 다른 사람의 말을 겸허하게 경청하는 태도는 나의 말에 무게를 더해준다.

말에도 희로애락이 있다

공자가 높이 평가하는 제자들은 공통점이 있다. 말은 다소 어눌하더라도 실행력이 좋다는 점이다. 안연, 중궁, 증자 등이 대표적이다. 공자는 이렇게 이야기했다. "군자는 말은 어눌하지만 성실하게 실행하고자 한다."

누군가 공자에게 "중궁(염옹)이 비록 인하지만, 말재주가 없다."(〈공야장〉 5.4)고 말했다. 하지만 공자는 반드시 말재주가 필요하냐며 오히려 되물었다. 그는 말이 많고 행동이 따르지 않는 사람을 제일 싫어했다.

사실 《논어》를 보면 사사건건 혼나던 염유보다 더 미운털이 박힌 제자가 나온다. 바로 '3년 상' 이슈로 공자와 격론을 벌였던 재아다. 그는 공자가 꼽은 10대 제자 중에서 자공과 더불어 언변에서 뛰어나다고 인정받은 사람이다. 자공이 화려한 말솜씨를 앞세워서 노나라를 위기에서 구해냈듯이 재아도 그만한 능력이 있었던 것이다. 그런데 그는 《논어》에서 거의 망나니 제자로 묘사된다. 오죽하면 재아 때문에 더 이상 사람의 말이나 추천을 믿지 않고 직접 그 행실을 봐야겠다고 말했겠는가. 그것은 재아가 말이 너무 앞선다고 생각했기 때문이다.

공자와 3년 상을 두고 논쟁이 있을 때도 재아는 1년 상이면 충분하다고 했다. 그의 논리는 정연했지만 부모를 위한 인의 정신이 결여되어 있었다. 반면 공자는 말이 어눌한 중궁을 '임금감'이라며 극찬했다. 제자 중에서 이런 칭찬을 들은 이는 중궁밖에 없다.

결국 '말'이 문제다. "말 한마디에 천냥 빚을 갚는다."라는 격언이 있듯이 말이란 잘하면 나에게 '복'을 가져오지만, 그렇지 못하면 '화'를 부른다. 공자의 조언대로 말을 줄이면 여러모로 안전하다. 하지만 말의 유혹을 피하기는 쉽지 않다.

특히 요즘처럼 미디어가 발달한 세상에서는 더욱 그렇다. 말로 한 달에 몇 백만 원에서 많게는 수천만 원의 수입을 올릴 수도 있으니, 자극적인 말로 주목을 끌고 조회 수를 올리고 보자는 풍토가 만연할 수밖에 없다. 각종 개인 미디어에서 떠드는 말들에는 사실에 근거한 것도 있지만, 돈을 벌기 위해 진실을 왜곡하고 무책임하게 '호언장담'하는 일이 빈번하다.

예를 들어 음식점에서 유튜브로 먹방을 찍는다고 하자. 평범한

맛의 음식을 두고, 요란한 표정과 제스처로 과장하면서 눈물을 흘릴 정도로 감탄해야 조회 수가 오른다. 담담하게 맛있다고 하면 사람들의 관심을 끌기 어렵다. 반대의 경우도 있다. 음식의 질이나 서비스가 그다지 나쁘지 않은데, 개인적인 주관에 근거해서 이를 심하게 비방하는 경우다. 당연히 그 가게의 매출은 타격을 받고 심지어 문을 닫을 수도 있다.

말에는 희로애락이 있다. 누군가는 말로 돈을 벌고, 또 누군가는 말로 망한다. 화려한 언변으로 주의를 끌어서 성공한 사람도 결국 그 말에 진실성이 없다면 금방 외면당하게 된다. 아무리 말을 잘하는 달변가라 해도 미끄러질 수 있다. 실수를 하는 순간 그동안 쌓아온 공든 탑이 무너진다.

가볍지 않은 말이란 무엇인가

'과묵하다'라는 말은 말수가 적고 침착하다는 의미다. 예전에는 과묵하다는 것이 듬직하다는 의미이기도 했다. 그래서 과묵한 사람들이 좀 더 신뢰를 받았다. 하지만 영상매체가 발전할수록 이런 사람들은 답답하거나 지루하다는 오해를 받곤 한다. 요즘은 신뢰를 주는 말 한마디보다는 현란한 말재주를 갖고 있는 사람이 더 주목받고 있다.

물론 언변이 좋은 것은 장점이다. 하지만 더 중요한 것은 경청하는 태도다. 상대방의 이야기를 잘 들으면서 필요할 때 적시에 질문하고 나의 의견을 확실히 밝히는 것이 궁극의 화술법이다. 경청한 후 내 의견을 말하면 나의 말에 무게가 실리고 묵직한 인상을 줄 수 있다. 즉흥적으로 지어낸 것이 아니라 나의 생각과 사상이 고스란히 드러난 말이기 때문이다. 이런 말은 공기 중에 가볍게 흩어져버리지 않고 사람들의 마음에 남는다.

천하의 공자도 안연을 오해한 적이 있다. 하루 종일 안연을 가르쳤지만 아무 말이 없자 그가 어리석다고 생각했다. 하지만 안연이 다른 제자들과 이야기하는 것을 우연히 듣고 자신의 가르침을 제대로 활용하는 것을 보았다. 공자는 안연의 경청과 습득, 실행력에 감복했다. 아마 이때부터 공자의 '안연 앓이'가 시작되지 않았나 싶다.

신중하게 말하되 경청과 실행이 수반되어야 한다. 그것이 공자가 말한 '가볍지 않은 말'의 진정한 의미다. 공자의 '삼사일언'三思一言과 '삼사일행'三思一行을 늘 마음속으로 새기면서 말의 무게를 느끼자. 특히 인생을 점검하고 바로잡을 때 가장 먼저 다스려야 할 것이 바로 말이다. 말은 곧 내 삶의 격이자 살면서 내가 짊어지고 가야 할 인생의 무게다.

현재를 즐기는 것이야말로
지혜로운 삶이다

공자께서 말씀하셨다. "아는 이는 좋아하는 이만 못하고, 좋아하는 이는 즐기는 이만 못하다." _〈옹야〉 6.18

子曰 "知之者 不如好之者 好之者 不如樂之者."
자왈　 지 지 자　 불 여 호 지 자　 호 지 자　 불 여 락 지 자

혹시 가슴을 설레게 하고 쿵쾅쿵쾅 뛰도록 만드는 일이 있는가? 로또, 돈, 일, 명예, 승진, 독서, 글쓰기, 야구, 골프, 낚시, 옷, 명품, 자동차, 쇼핑, 여행, 음식 등 다양한 대답이 나올 수 있다. "나는 무엇에 설렐까? 내 가슴을 뛰게 만드는 것은 무엇일까?" 한번쯤은 멈춰 서서 스스로에게 이런 질문을 해봐야 한다.

한데 막상 생각해보면 대답이 쉽게 나오지 않을 것이다. 하루하루 바쁘게 살다 보니 이러한 질문을 할 여유도 없었을뿐더러 그럴 필요도 못 느꼈기 때문이다.

사람은 자신이 추구하는 가치가 무엇인지 명확하게 알 때 비로소 삶의 목표를 갖게 된다. 내 삶의 가치와 지향점이 분명해야 거기에 맞춰서 나아갈 수 있다. 흔들리거나 주춤하는 시기가 온다고 해도 가치와 지향점이 명확한 사람들은 길을 잃지 않는다. 그런데 많은 이들이 이 부분을 간과한 채 허겁지겁 앞만 보고 달려가기 바쁘다. 그러니 자주 길을 잃고, 어디로 가야 할지 몰라 헤맨다.

가슴을 뛰게 하는 일이 무엇인지
한번쯤은 깊이 있게 생각해야 한다

많은 사람들이 정해진 틀과 궤도 안에서 살아간다. 남들이 맞다고 얘기하는 것들을 그대로 믿는다. 세상과 타인이 제시하는 가치를 여과 없이 받아들이고 따르면서 말이다. 열심히 공부하고, 좋은 곳에 취직하기 위해 애쓰고, 돈을 벌어 아파트를 사기 위해 땀을 흘린다. 회사에 취직하거나 사업을 할 때도 마찬가지다. 가족의 생계를 책임져야 한다는 암묵적인 지시를 따른다. 우리의 부모님들이 그랬던 것처럼 가족을 위해서 나의 행복을 어느 정도 희생하는 건 당연하다 믿는다. 안타깝게도 정작 내가 무엇을 원하는지, 나의 가슴을 뛰게 만드는 것이 무엇인지에 대해서는 깊이 있게 생각해본 적이 없다.

그러다가 막상 퇴직이 가까워지고 제2의 인생을 시작하려다 보면 막막해진다. '내가 진정 좋아했던 일이 무엇이었지?' 의미 있는 일, 가슴 뛰는 일, 자신이 원하는 일을 하고 싶은데 그게 무엇인지 잘 모르는 것이다. 자신이 어떤 가치관을 갖고 있는지, 어떤 목표와 지향점을 향해 가야 하는지 알지 못해서 오는 혼란이다. 인생을 제대로 즐기는 법을 몰랐다는 의미기도 하다.

수많은 책에서 "현재를 즐겨라."라고 말한다. 하지만 실천하기 쉽지 않은 주문이다. 며칠 뒤면 시험이고, 당장 취업을 못해 고민인데 어떻게 즐길 수 있겠는가? 당장 써야 할 보고서와 할 일이 산적해 있는데 어떻게 즐길 수 있겠는가? 매달 나가는 생활비, 아이들 학원비가 대기 중인데 현재를 즐기라니, 뜬구름 잡는 소리처럼 들린다.

하지만 노력을 통해 현재를 즐기는 삶을 살 수 있다. 여기서 말하는 노력은 '수동적인 노력'이 아닌 보다 '적극적인 노력'을 말한다. 타인의 가치관에 끌려다니지 않고 내 인생을 주도적으로 이끌면서 내가 하는 일을 즐기기 위한 노력 말이다.

알고 좋아하고 즐기는 단계로 나아가라

작가가 되는 것이 목표라고 해보자. 처음부터 누구나 작가가 될 수는 없다. 지금 당장 글을 쓴다고 한 권의 책이 완성되지는 않으니 말이다. 오랜 시간 준비가 필요하다. 많은 책을 읽어야 하고, 사색의 강도를 높여야 하며, 무엇보다 매일 글을 쓰는 실천이 따라야 한다. 어떤 주제로 글을 쓸지, 전체 구성은 어떻게 설계할지, 주요한 메시지를 전달하기 위해 어떤 서술 방식을 선택할지 공부하고 고민하는 시간이 필요하다.

무엇보다 중요한 것은 글에 진정성을 녹여내는 연습을 해야 한다는 점이다. 꾸준한 습작을 통해 갈고닦는 노력이 필요하다. 그 과정에서 실력이 향상되면 즐거움을 느끼게 된다. 실력이 쌓여 상당한 수준의 글을 쓰게 되면 블로그에 올리거나 책으로 출간할 수도 있다. 자신의 땀방울이 들어간 책이 서점에 진열된 것을 보면서 뿌듯함을 느낀다면 좋아하는 단계에 이르게 된다(호지자). 그러다가 어느 순간 글 쓰는 것 자체를 즐기는 나의 모습을 발견한다(락지자).

이렇게 단계를 높이며 '즐기는 경지'에 이르기 위해서는 먼저 아는 단계가 필요하고, 그다음 좋아하는 단계로 넘어가야 한다. 학문을 업으로 하는 학자들도 마찬가지다. 처음에는 노력을 통해서 지식을 쌓는다. 성과를 얻으면서 연구와 공부를 좋아하게 된다. 그러다가 점차 몰입하면서 즐기는 경지에 이른다. '知之者(지지자) → 好之者(호지자) → 樂之者(락지자)'의 순으로 단계를 높여가며 즐거움의 경지를 맛보는 것이다.

남들처럼 살지 말고 나답게 살자

회사 업무도 마찬가지다. 업무를 배우기 위해서 지식을 쌓는다. 어느 순간 성과를 내고, 일에서 인정을 받으며 보람을 느낀다. 그것이 좋아하는 단계다. 이 정도 경지에 이르러도 대단한 것이다. 적어도 일이 지겹고 힘겨운 밥벌이 수단에 그치지 않고 성취감을 주기 때문이다. 하지만 더 높은 단계, 즉 일 자체를 즐기는 '락지자'가 있다. 이 단계에 오르면 회사에 출근하는 것이 신나고, 사업이 즐겁고, 앞으로 할 일이 기대된다.

오르기 힘든 경지이지만 이 단계에 오른 사람은 성공에 더욱 가까이 다가간다. 누구보다 강한 동기가 있으니 적극적으로 일에 매진할 테고 그만큼 최선을 다할 것이기 때문이다. '락지자'의 경지에 오르려면 먼저 '지지자'와 '호지자'의 경지를 넘어서야 한다. 그러려면 초기 투자 비용, 즉 노력이 필요하다. 주어진 일을 마지못해 하는 것이 아니라 회사를 통해 내가 성장하고 배운다는 마음으로 도전하는 것이다. 나의 미래를 위한 투자라고 생각하면 훨씬 적극적이고 능동적인 자세로 일할 수 있다.

비단 회사 업무뿐만이 아니라 모든 일이 그렇다. 다른 사람들처럼 생각하고 일하면 한계에 부딪힌다. 세상이 흘러가는 대로 멍하니 따라가다 보면 자신이 진정으로 원하는 것이 무엇인지 잊게 된다. 명예와 돈을 위해서 일하는 것도 마찬가지다. 그 목적을 달성하면 동기는 금세 사라진다. 끊임없이 성장하기 위해서는 노력이 따라야 하며 더 큰 그림과 비전을 가져야 한다.

'호지자'를 넘어서 '락지자'의 경지에 오를 때 우리는 진정으로 현재를 즐기게 된다. 피하려 하지 말고 부딪쳐 즐기자. 공자도 강조했듯이 지혜로운 자는 '즐기는 사람'이다.

멈출 때와 나아갈 때를
안다는 것

공자께서 말씀하셨다. "중용中庸의 덕이 실로 지극하구나! 사람들 중에 이 덕을 행하는 자가 줄어든 지 너무 오래되었도다." _〈옹야〉 6.27

子曰 "中庸之爲德也 其至矣乎 民鮮久矣."
자 왈 중 용 지 위 덕 야 기 지 의 호 민 선 구 의

사랑의 감정이라고 해서 영원히 뜨겁게 불타오르지는 않는다. 열정이 사그라든 후에도 관계가 변하지 않으려면 그것을 유지하려 노력하는 자세가 필요하다. 일로 만난 사이 역시 마찬가지다. 저절로 좋아지는 관계란 없다. 너무 가깝지도 멀지도 않게 적당한 거리를 유지하며 좋은 관계를 형성하는 노력이 필요하다. 이때 힘을 발휘하는 것이 바로 중용의 자세다.

'중용'은 지나치거나 모자람이 없는 것을 말한다. 멈출 때와 나아갈 때를 알고 구분하는 것이다. 중中을 통해서 적절히 조절함을 알

았다면 용庸을 통해서 그것이 변하지 않고 일상화되도록 해야 한다. 중용의 도는 어디에서나 중요하다. 부부나 가족 간의 사랑, 친구 사이의 우정 등 인간관계뿐 아니라 일이나 회사 동료와의 관계 등 모두 해당한다. 중용의 도로 적당한 거리와 속도를 유지해야 그 관계를 오래 건강하게 이어갈 수 있다.

일을 대할 때 필요한 중용의 마음가짐

공자의 인생 자체도 중용이었다. 그는 입신양명과 도덕정치를 꿈꾸며 수없이 많은 환란을 겪었다. 하지만 결국 자신에게 주어진 소명을 인지하고 더 이상 관직에 연연하지 않았다. 누군가 관직에 있지 않은 그에게 "왜 정치를 하지 않으십니까?"라는 질문을 던졌다. 그러자 공자는 이렇게 대답했다.

"《서경》에 이르기를 '부모에게 효도하고, 형제들을 우애롭게 대하고, 이 원리를 정치에 행하라'라고 했으니 이 또한 정치를 하는 것이다. 어찌 정치를 해야만 정치라고 하는가?"

_〈위정〉 2.21

결국 벼슬자리에 오르는 것만이 정치는 아니라는 의미다. 나를 닦고, 가정을 화목하게 하면 결국 나라가 평온해지니 이 또한 정치라는 것이다.

공자가 만약 '중용의 도'를 깨닫지 않았다면, 자신의 인생은 실패했다고 자괴감에 빠질 수 있었다. 비록 임금을 모시고 나라를 제대로 바꾸고자 하는 이상정치를 실현하지는 못했지만 그는 제자를 교육하고, 자식을 가르치면서 세상을 조금씩 바꾸고자 했다. 이렇게 욕심을 내려놓으니 굳이 정계에 진출하지 않아도 자신은 정치를 한다고 말할 수 있었으리라. 공자가 자기 일을 대하는 이런 중용의 자세는 100세 시대를 살아가는 우리에게 유의미하게 다가온다. 이제는 과거와 달리 60세에 퇴직을 생각한다거나 회사에 다니는 직장생활 외에도 다양한 방식으로 일한다. 일은 짧게는 20년, 길게는 30년 가까이 인생의 상당 기간을 차지하므로 강약을 조절할 줄 알아야 그 시간을 잘 보낼 수 있다.

중용의 리더십은 위기에 강하다

사회생활을 오래 하다 보면 각양각색의 사람들을 보게 된다. 회사에서뿐만 아니라 세상사를 봐도 그렇다. 그중에서 극단으로 치닫는 사람들이 있다. 주로 이런 유형이다. 업무 열정이 너무 넘쳐서 매일 야근하고, 주말에도 출근한다. 자신뿐만 아니라 부하직원도 같은 온도와 열정으로 열심히 일하기를 원하며 들들 볶는다. 타인이 자기 기준에 못미치면 속이 끓어 참지 못한다. 이런 이들이 사내 정치까지 잘한다면 성과를 인정받거나 승진하는 등 조직에서 성공할 가능성이 커진다. 반면 이런 유형의 사람이 성공하지 못할 경우에는 제풀에 지쳐 기진맥진하거나 번아웃이 될 가능성이 크다.

오래도록 건강하게 나의 일을 하기 위해서는 중용의 자세가 필요하다. 늘 전속력으로만 달린다거나 매번 힘을 주고 있으면 오래 견딜 수 없다. 집중할 때는 집중하고 쉴 때는 쉬어야 한다. 회사에서 근무하는 시간에는 일에 집중하고 집에 돌아와서는 적당한 휴식과 충분한 숙면을 취하는 게 좋다. 업무적으로도 어떤 기간에는 일에 매진해 성과를 내는 데 집중하더라도 그 기간이 지나면 조금 여유를 갖고 접근할 필요가 있다.

특히 리더라면 이성적인 태도로 일을 대하고 업무적으로도 균형을 잡는 것에 신경을 써야 한다. 그런데 자기 기분 따라 오락가락하는 리더나 성과에 집착해 일희일비하는 리더가 있는 조직이라면? 직원들이 과감한 도전을 한다거나 스스로 동기부여가 되어 주도적으로 일을 하기 어려워진다. 언제 어떤 식의 제어가 들어올지 모를 뿐더러 자칫 문제가 생겼을 때 자신이 모든 책임을 져야 한다는 부담 때문이다.

이런 리더가 있는 조직은 위기 때 더 큰 문제다. 냉정하게 현상을 파악해서 해결책을 찾아야 하는데 비이성적으로 굴거나 남 탓하기 바쁘다. 문제를 해결하기는커녕 오히려 문제를 키울 공산이 크고, 직원들은 우왕좌왕하며 난항에 빠질 수 있다.

이와 비교되는 훌륭한 중용의 리더십 사례로 마이크로소프트의 CEO 사티아 나델라Satya Nadella를 들 수 있다. 그는 코로나19의 위기 속에서 회사를 안정적으로 이끌었다는 평가를 받았다. 누구보다 직원들의 고충을 이해하고, 이들의 문제를 해결하기 위해서 실질적인 도움을 주었다. 사소한 문제부터 시작해서 근본적인 것까지 모두 해결해주려 했다. 예를 들어서 어린 자녀가 있는 직원에게는 유급휴가를 12주로 연장했고, 회사에 큰 영향 없는 프로젝트는 연기해서 직원들의 부담을 덜어주었다.

사실 이런 상황에서 CEO들은 극단으로 치우치기 쉽다. 어떻게든 위기를 타개할 방법을 찾아내라며 직원들을 압박하거나 심지어는 권고사직을 권하는 경우도 많다. 만약 사티아 나델라 역시 대부분의 CEO들처럼 직원들을 몰아세웠다면 마이크로소프트는 어떻게 되었을까? 내우외환을 경험하며 마땅한 방향성을 찾지 못하고 결국 더 큰 위기에 봉착했을 것이다.

그가 보여준 리더십 역시 중용의 자세다. 그는 리더로서 위기 상황에서 '중심'을 잡고 침착하게 대응했다. 이러한 중심은 직원들에 대한 배려와 공감, 즉 인의 정신에서 출발한다. 평소에도 직원들을 인의 시선으로 바라보았기에 위기에서도 중용의 자세를 유지할 수 있었다. 이렇듯 그의 직원들을 생각하는 마음이 회사 내부를 단단하게 결속했고, 외부의 위기를 이겨내어 건강한 방향으로 나아갈 수 있도록 마이크로소프트를 한 단계 더 업그레이드시켰다.

인생은 단번에 승부를 내는 단거리 게임이 아니다

회사 업무뿐만 아니라 개인도 마찬가지다. 어떤 일이든 처음에 너무 의욕을 갖고 달려들면 금방 지치게 마련이다. 42.195킬로미터를 뛰어야 하는 마라톤인데 100미터 안에 승부를 보겠다는 마음으로 초반에 힘을 다 쏟아버린다면 마지막까지 완주하기 힘들다.

주변 유튜버들을 보면 구독자 수가 빨리 늘지 않는다고 실망하는 이들이 꽤 있다. 하지만 성공한 유튜버들이 처음부터 구독자가 많았을까? 그 단계로 가기까지는 노력과 기다림의 시간이 필요하다. 그들은 분명 꾸준히 콘텐츠를 개발하고 참신한 기획을 시도하면서 구독자들이 좋아할 만한 양질의 영상을 만들기 위해 노력했을 것이다. 그러다 보니 한 명 두 명 구독자들이 모이고 지금의 성과를 이룬 것이리라.

그러니 첫술에 배부르려 하지 말고 꾸준함의 힘을 믿어보자. 초반에 에너지를 한 번에 쏟을 것이 아니라 힘을 줄 때와 뺄 때를 구분하면서 에너지를 효과적으로 안배해야 한다. 쉽게 불타오르면 쉽게 꺼지는 법이다.

작가의 꿈을 꾸고 있다면 무라카미 하루키나 정유정 작가처럼 새벽에 일어나서 너댓 시간씩 글을 쓰겠다며 욕심을 내기보다는, 하루 한 시간이라도 매일 글 쓰는 습관을 들이는 게 먼저다. 그렇게 해야 그 일을 지속할 수 있다. 처음 한 달간 이런 습관을 잘 유지하고, 이것이 몸에 배면 시간을 차츰 늘려나가면 된다. 꾸준한 글쓰기가 익숙해지면 매일 몇 시간씩 글을 쓸 수 있는 경지에 이른다.

목표에 도달하길 원한다면 가끔은 욕심을 내려놓고 찬찬히 자신을 돌아보아야 한다. 우리의 삶은 단박에 승부가 나는 단거리 경주가 아니라 오랜 기간 꾸준하게 달려 완주해야 하는 장거리 마라톤이다. 열심히 달리는 것도 중요하지만 멈출 줄도 알아야 한다. 그래야 지속할 수 있다. 지금 인생의 목적지를 향해 달리고 있다면 스스로 물어보자. '나는 오늘도 중용의 도를 실천하고 있는가?'

영향력이 커질수록 신중하고 책임감 있게

계강자가 도둑을 걱정하여 공자에게 대책을 여쭙자, 공자께서 말씀하셨다.
"만약 당신께서 욕심을 부리지 않는다면 비록 백성들에게 상을 주고 도둑
질하라고 시키더라도 도둑질하지 않을 것입니다." _〈안연〉 12.18

季康子患盜, 問於孔子. 孔子對曰
계 강 자 환 도   문 어 공 자   공 자 대 왈

"苟子之不欲, 雖賞之不竊."
구 자 지 불 욕   수 상 지 부 절

《논어》에 종종 등장하는 계강자는 노나라의 대부이면서 세력가다. 당시 노나라에는 '맹손씨', '숙손씨', '계손씨'의 3대 세력이 있었고, 그중 계손씨의 힘이 제일 셌으며 계강자는 계손씨 가문의 서자였다. 그런데 계강자는 본처의 아들을 죽이고 대부가 되었다. 한마디로 인과 예를 모르는 파렴치한 인물이었다.

그런 그였지만 종종 공자에게 통치의 도를 물어봤다. 적어도 찔리는 마음은 있었던 모양이다. 공자는 그를 피하는 대신 성심성껏 답변하고 가르쳤다. 계강자가 좋은 사람은 아니었지만 공자는

그가 마음을 바꿔서 백성들을 위하는 정치인이 되기를 바랐다.

어느 날 계강자는 공자에게 나라에 도둑이 많아서 걱정이라며 이에 대한 대책을 물었다. 그러자 공자는 계강자에게 먼저 욕심을 버리면 된다고 직언했다. 힘이 있는 자가 욕심을 버리면 사회가 안정되고, 부의 불균형도 많이 해소되니 당연히 도둑도 줄어들 것이기 때문이다. 어찌 보면 너무나 당연한 이야기지만 이런 말을 아무나 할 수 있는 것은 아니다. 하지만 공자는 자신이 믿는 바에 따라 소신껏 조언했다. 그야말로 촌철살인이다. 한번은 계강자가 정치를 묻자, 공자는 또 다시 묵직한 돌직구를 날렸다. "정치란 올바르다는 것입니다. 당신께서 올바르다면 누가 감히 올바르지 않겠습니까?"(〈안연〉 12.17) 정치를 잘하려면 먼저 나 자신이 올바라야 하며, 솔선수범해야 한다는 의미의 직언이다.

영향력이 커질수록 말과 행동에 신중해야 하는 이유

사회적인 지위가 올라갈수록 영향력은 커진다. 회사에서 관리자가 되거나 사업을 운영한다면 내가 말하고 행동하는 것이 다른 사람들에게 직접적인 영향을 미칠 수밖에 없다. 나의 말 한마디에 조직의 사기가 오르거나 떨어지기도 한다.

이는 리더들에게만 해당되는 이야기가 아니다. 아이돌, 유튜버,

블로거, 연예인, 운동선수, 작가 등 사회적으로 인기 있고 영향력 있는 '셀럽'이나 '인플루언서'도 마찬가지다. 수많은 사람들이 이들의 말과 행동에 관심을 기울이고, 나아가 똑같이 따르고자 한다. 그렇기에 명성을 얻고 팬을 확보할수록 언행에 더욱 신중해져야 한다.

인플루언서나 유명인들의 말 한마디에 세상이 들썩거리는 것을 익히 보았을 것이다. 이들을 추종하는 팬들은 거대한 팬덤을 조직해 사회적 단체로 성장한다. 그들만의 문화를 공유하고 사회적 목소리를 내는가 하면, 하나의 소비 집단으로서도 영향력을 발휘한다. 예를 들어서 유명 아이돌 그룹이 자선 활동을 하면 팬들도 뜻을 같이하며 행동으로 옮긴다. 더구나 세계가 하나로 연결되면서 팬덤은 국경을 넘어서 글로벌하게 세력을 형성하고 있어 그 영향력은 더욱 커질 것이다.

유명세를 타게 되면 자신의 영향력을 생각해 말 한마디, 행동 하나도 조심할 필요가 있다. 다행히 부당한 일이나 사회적 문제를 비판할 때도 이성적으로 의사를 표출하고, 긍정적인 방식으로 영향력을 행사하는 이들이 많다.

하지만 인기에 편승해 막말을 일삼는 이들도 많다. 막말로 치자면 정치인들을 빼놓을 수 없다. 정치인들의 막말 논쟁은 기가 찰 정도다. 국민들의 정서를 자극하는 감정적인 말들을 아무렇지 않게 내뱉는다. 그러한 행태를 보면서 '사이다 발언'이라고 생각하는 사람도 있겠지만, 그런 언행은 스스로 품격과 교양을 낮추는 일이다.

힘을 가질수록 책임감이 늘어난다

영화 〈스파이더맨〉에서 피터의 삼촌은 강도에게 총을 맞아 죽어가며 이런 말을 남겼다. "우리가 힘을 가질수록 그만큼 책임감도 늘어난다." 힘이 생겼다고 해서 그것을 마음대로 휘둘러서는 안 된다는 이야기다. 그 힘을 어디에 어떻게 쓸 것인지가 중요하다.

그럼 유명하지 않은 일반 사람이라면 이런 것들을 신경 쓰지 않아도 될까? 그렇지 않다. 우리는 모두 자기 몫의 책임이라는 것을 갖고 살아간다. 그리고 나이가 들고 자리가 올라갈수록 살아온 세월만큼의 책임이 더해진다. 나이가 많다는 이유로 어린 사람들에게 함부로 한다든가, 요령만 터득해서 사람을 이용하는 태도로 산다면? 그런 사람에게서는 삶의 품격이란 느낄 수 없을 것이다.

나이가 들고 세상 돌아가는 이치를 어느 정도 터득했다면 더욱 현명하게 행동하고 모범이 될 수 있도록 해야 한다. 그것이 살아온 세월에 대한 책임이기도 하다. 내가 먼저 존중하고, 내가 먼저 배려하고, 내가 먼저 실천하는 태도로 산다면 그것이 바로 솔선수범하는 삶의 태도다. "인이 멀리 있는가? 내가 인하고자 하면 인은 곧바로 내게 온다."(〈술이〉 7.29)라는 말을 몸소 실천하는 것이다.

전략과 계획이 없는 실행은
반쪽짜리다

공자께서 말씀하셨다. "호랑이를 맨손으로 두드려 잡고 강을 배 없이 건너
면서 죽어도 후회가 없는 자라면 함께 하지 않을 것이다. 반드시 일에 임할
때 염려하고, 계책이 있어 성공적으로 이루는 사람이어야 한다."_〈술이〉 7.10

子路曰 "子行三軍, 則誰與." 子曰 "暴虎馮河
자 로 왈   자 행 삼 군   즉 수 여   자 왈   포 호 빙 하

死而無悔者, 吾不與也. 必也臨事而懼, 好謨而成者也."
사 이 무 회 자   오 불 여 야   필 야 임 사 이 구   호 모 이 성 자 야

어느 날 자로가 공자에게 이렇게 물었다. "스승님께서 삼군을 지휘
하신다면 누구와 함께 하시겠습니까?" 이 질문을 스승에게 하며 자
로는 아마 이런 대답을 기대했을 것이다. "그래, 너처럼 용맹한 사
람과 함께 해야겠지." 하지만 자로의 기대와 달리 스승은 "신중하
고 계책이 있는 자와 함께 하겠다."라고 말했다. 그것은 그 자리에
함께 있었던 안연을 염두에 두고 한 말일 테다. 사실 자로는 생각보
다는 일단 행동을 먼저 하는 타입이었다. 자로가 실망할 걸 알면서
도 공자가 그리 답한 것은 자로가 자신의 문제를 스스로 깨닫기를

바란 마음에서였다.

만용과 용기를 구분하라

전쟁을 소재로 한 영화나 드라마를 보면 "돌격 앞으로!"라는 말이 자주 나온다. 총알이 빗발치는 상황에서 지휘관의 신호로 병사들은 돌진하고, 수많은 병사들이 총알에 맞아 낙엽처럼 쓰러진다. 간혹 병사들이 저렇게 무방비로 죽음을 맞는다면 전략을 잘못 짠 것이 아닌가 하는 생각도 든다.

전쟁에서 어느 정도의 희생은 감수할 수밖에 없다. 하지만 작전과 계획을 치밀히 세우고 전쟁에 나서는 것과 무작정 뛰어들어 억울한 희생을 당하는 것은 큰 차이가 있다. 용맹함만 믿고 무조건 '돌격 앞으로'를 외친다면 부하들을 사지로 몰아넣는 것과 다름없다.

전쟁터의 리더에게는 용맹함도 있어야 하지만 전세를 파악하는 통찰력과 위기를 헤쳐나갈 전략도 따라야 한다. 용기만큼이나 신중함과 지혜로움도 필요한 것이다. 《손자병법》을 저술한 병법가 손자 孫子는 전쟁을 일으킬 때는 정말로 신중해야 한다고 말했다. 그것은 한 나라의 운명을 거는 행위이기 때문이다. 10만 명의 군사를 동원하기 위해서는 하루에 천금이 든다고 하지 않았던가.

전쟁 한번 잘못 일으키면 나라의 재정이 파탄 난다. 그뿐 아니라

무고한 백성들이 떼죽음을 맞게 된다. 그래서 손자는 피 튀기는 전쟁보다는 되도록 전쟁 없이 문제를 해결해야 한다고 말했다. "전쟁은 국가 중대사로, 생사가 갈리고 존망이 걸려 있어 잘 살펴보고 시작해야 한다." 이처럼 불세출의 병법가조차도 전쟁의 무모함을 강조했다.

회사 간의 경쟁도 총성 없는 전쟁이나 다름없다. 아마존이 전자상거래 사업을 키우면서 소비자들은 더없이 편리함을 맛보게 됐다. 하지만 아마존이 성장하고 비즈니스를 독점하는 과정에서 고초를 겪거나 망한 회사도 적지 않다. 또 아마존에 입점하기 위해 눈치를 봐야 하는 중소기업들이 부지기수였다. 이때 계란으로 바위를 치는 격으로 무작정 덤비는 건 무모하다. 치열한 경쟁환경 속에서 어떻게 하면 살아남을 수 있을지 보다 전략적인 고민과 현명한 전술이 필요하다.

섣불리 행동하면 반드시 실수하게 된다

기업 간의 경쟁만이 문제는 아니다. 만약 내가 리더라면 과연 어떤 관리자를 고용해서 성과를 올려야 할까? 물론 자신감이 있는 사람이라면 좋다. 일정한 수준의 아웃풋을 올리기 때문이다. 하지만 자신감을 넘어서서 무모한 사람은 문제가 있다. 비현실적인 목표를 설정하고 팀원들을 몰아붙이는가 하면 부정한 방법을 동원해서라도 목표를 달성하려 할 것이기 때문이다. 그런 이들은 시장을 조사하고, 치밀한 계획을 세워 전략적으로 일하기보다는 일단 행동으로 옮기고 본다. 급기야 중요한 프로젝트를 망치거나 팀과 조직의 화합을 깨뜨린다.

공자가 경계한 것은 바로 이런 사람이다. 그가 말한 '호랑이를 맨손으로 잡으려 하고, 배가 없이 강을 건너 죽어도 후회하지 않는 자'는 자신의 목숨을 소중하게 여기지 않는 사람이다. 맨손으로 호랑이와 싸우는 것은 용기가 아니라 만용이다. 배가 없는데도 맨몸으로 넓은 강을 건넌다는 것은 무모한 행위다. 그나마 혼자서 만용을 부리는 것은 어쩔 수 없지만, 만약 이런 사람이 리더라면 큰 문제다. 함께하는 다른 이들까지 모두 위험으로 몰아넣을 테니 말이다.

임진왜란의 역사를 공부하다 보면 신립 장군과 이순신 장군을 대척점에서 비교하게 된다. 신립 장군은 파죽지세로 돌격하는 왜군과 맞서기 위해 선조에게 받은 검을 차고 용감하게 출정했다. 이때 그의 부하는 문경 새재의 험한 고개에 진을 치자고 했으나 그는 이를 무시했다. 오히려 기마대의 장점을 이용하기 위해서 탄금대에서 배수의 진을 쳤다. 결과는 모든 사람들이 아는 그대로다. 신립 장군은 끝까지 싸우다가 스스로 목숨을 끊었다.

반면 이순신 장군은 신중했다. 아군의 장점과 단점을 잘 파악한 뒤, 장점을 최대로 활용하는 반면 단점은 최소화하는 전략을 썼다.

확실한 승부처가 아니면 섣불리 나서지 않았다. 지형을 잘 이용했고 아군이 갖고 있던 거북선, 판옥선과 대포의 효과를 최대한 극대화시키는 전술을 활용했다. 그랬기에 필전 필승의 높은 승률을 올릴 수 있었다.

하지만 어리석은 선조는 어땠는가? 이순신의 신중한 계획에 대해서 불만을 가진 선조는 무리한 출정 명령을 내렸고 장군은 이를 거부했다. 결국 이순신은 파직을 당했고, 그의 자리를 이은 원균은 무리하게 출정해 많은 병사를 잃고 자신도 전쟁터에서 숨졌다.

우리가 너무 잘 아는 역사지만 이러한 역사는 반복된다. 신중하게 계획을 세우고 전략적으로 접근해야 한다는 것을 알면서도 막상 그렇게 하지 못할 때가 많다. 어떤 일을 함에 있어서 목표만을 생각해 섣불리 덤벼들면 성공 확률은 낮아진다.

공자는 용맹스러운 자로에게 좀 더 신중하기를 주문했지만, 안타깝게도 자로는 그 말을 새겨듣지 않았다. 어쩌면 그의 죽음은 이미 예견된 것이라 할 수 있다. 만용과 용기를 구분할 줄 알고 행동하기 전에 생각하는 습관을 기르자. 마음이 조급해 행동이 앞서면 반드시 실수를 하게 된다.

하루하루의 도전이 모여
결국 삶을 이룬다

자로가 석문에서 묵게 되었다. 성문을 지키는 문지기가 "어디에서 온 분입니까?"라고 묻자, 자로는 "공자 선생님의 문하에서 왔습니다."라고 대답했다. 그러자 그가 말했다. "어떤 일이 불가능한 줄 알면서도 하고자 하는 그 사람 말입니까?"

_〈헌문〉 14.38

子路宿於石門. 晨門曰 "奚自."
자 로 숙 어 석 문　신 문 왈 　해 자

子路曰 "自孔氏." 曰; "是知其不可而爲之者與."
자 로 왈　자 공 씨 　왈　시 지 기 불 가 이 위 지 자 여

공자는 상당히 고집이 셌으며 자신의 신념을 절대 굽히지 않는 인물이었다. 하지만 공자는 그의 바람과 달리 이상정치, 도덕정치를 제대로 펼치지 못했다. 당시 왕권은 약했던 데 반해 세도가의 기세가 대단했던 탓이다. 게다가 당시 백성들은 높은 세금으로 힘겨워하고 있었다. 그는 노나라 세도 가문의 수장인 계손씨와 갈등을 일으키다가 결국 노나라를 떠나 세상을 주유했다.

현실과 타협하지 않는 고집불통 같은 공자를 사람들은 잘 이해하지 못했다. 오죽하면 공자를 '불가능한 줄 알면서도 군이 해내려는

그 사람'이라고 지칭했겠는가?

공자는 말년에 정치 참여를 포기하고, 제자들과 가르침을 청하는 사람들에게 자신의 생각과 사상을 알렸다. 맹자, 순자, 주자 등 많은 학자들이 그의 가르침에 영향을 받았으며 무엇이 정의이고, 도덕정치란 무엇인지 고민한 후 이를 기록으로 남겼다. 후세의 위정자들은 이들의 학문을 공부하면서 바른 정치가 무엇인지 고민하며 길을 찾아갈 수 있었다.

당시 사람들은 공자에게 무모하고 불가능한 일을 한다고 말했지만 수천 년이 지난 지금은 어떤가? 그를 '성인'으로 인정하고 있으며 많은 이들이 그의 가르침에 따라 살고자 한다. 이는 다른 사람들이 불가능하다고 말하는 것에 도전하고 절대 포기하지 않았기 때문이다. 무엇보다 공자의 태도에서 중요한 것은 꿈을 이루었느냐 여부가 아니라 꾸준함과 성실함으로 노력하는 자세다.

도전에는 치밀한 계획과 실행이 수반되어야 한다

불가능에 대한 도전이라고 말하면 너무 거창하게 느껴져 남의 능력으로만 여겨진다. 하지만 도전은 그리 거창한 것이 아니다. 당장 에베레스트산을 정복하거나 갑자기 100억 원대의 부자가 되는 것이 삶에서 의미 있는 도전은 아니기 때문이다. 자기 삶을 개척하는 도전과 무모한 망상은 구분해야 할 필요가 있다.

　도전은 단순히 꿈에서 그치지 않는다. 목표와 계획을 구체화시키고 이를 실행하기 위해 노력하는 것까지를 포함한다. 만약 에베레스트산을 정복하는 것이 꿈이라면 중장기적으로 계획을 세워야 한다. 등반 계획을 세우고, 그에 필요한 자금을 조달해야 하며, 체력을 키워야 한다. 뒷산에 오르는 것으로 시작해 가볼 수 있는 여러 산을 등정하는 등 점점 단계를 높여나가는 실전 연습이 필요하다. 등반 교습을 받는다거나 산악회에 가입해서 전문 기술도 익혀야 한다.

　꿈만 꾸고 계획과 실천의 노력이 따르지 않는다면 무모한 망상에 불과하지만, 치밀하게 준비하면서 꿈을 향해 발걸음을 옮기는 것은 도전이다. 명확한 목표와 계획, 실행이 따른다면 주위의 비난이나 빈정거림은 중요치 않다.

누군가는 우주로 여행하고 누군가는 오로지 꿈만 꾼다

"나는 결코 실현 가능한 목표를 세우지 않는다. 목표가 실현 불가능하지 않으면 의욕이 떨어진다." 테슬라의 CEO 일론 머스크가 한 말이다. 그가 스페이스X를 설립해 우주 사업을 펼치면서 화성 정복의 비전을 내놓자 대부분의 사람들은 황당한 아이디어라고 말했다. 하지만 현실은 그의 말이 결코 허풍이 아님을 증명했다. 2010년 스페이스X는 우주선 '드래곤'을 개발했고, 2014년에는 우주택시 '드 래곤 V2'가 선을 보였다. 그리고 스페이스X는 2021년 9월 첫 민간 우주여행에 성공했다. 실현 불가능한 목표에 도전하고, 그 목표를 달성하기 위해 머스크가 얼마나 철저하게 계획하고 준비했는지가 증명된 셈이다.

미지의 영역이었던 우주에 닿고자 했던 소망은 많은 사람들의 가슴에 꿈으로 자리했다. 그러나 그것을 꿈으로만 남겨두지 않고 실현하기 위해 도전한 이들은 또 있다. 블루 오리진의 제프 베이조스, 버진 갤럭틱의 리처드 브랜슨이 그들이다. 이들 중 가장 먼저 우주여행을 한 CEO는 리처드 브랜슨이다. 리처드 브랜슨은 어린 시절 별을 보며 우주로 여행하는 꿈을 자주 꾸었다고 한다. 사실 브랜슨은 어린 시절 난독증에 시달리는 학습부진아였고 고등학교도 다 마치지 못했다. 그러나 움츠러드는 법이 없었다. 이미 십대 시절 크리스마스 트리를 키워서 팔고 학생 잡지를 창간하는 등 끊임없이 기회를 찾아 도전했고, 지금은 우주 여행의 꿈을 이룬 사람이 되었다.

제프 베이조스 역시 마찬가지다. 그는 "다섯 살 때부터 우주여행을 꿈꿔왔다."고 말할 정도로 우주에 관심이 많았다. 그리고 리처드 브랜슨에 이어 2021년 7월 20일 블루 오리진의 '뉴 셰퍼드' 로켓을 타고 지구와 우주의 경계인 고도 100킬로미터 '카르만 라인'(유럽 국제항공우주연맹이 인정하는 우주의 경계)을 넘어 버진 갤럭틱보다 더 높이 비행했다.

공자는 《논어》에서 줄곧 노력을 강조했다. 자질이 떨어지더라도 노력하는 사람은 인정하고 칭찬한 반면, 말만 앞서고 노력하지 않는 사람은 싫어했다. 공자의 기준으로 본다면 머스크, 베이조스, 브랜슨이야말로 불가능에 도전하고 말이 아니라 노력과 실천으로 꿈을 이뤄낸 대표적 인물들이다.

우리 삶은 매 순간의 발자국이 만든다

인생은 결코 길지 않다. 하지만 목표나 꿈이 없는 사람에게는 한없이 긴 인생이 되기도 한다. 하루하루 희로애락에 빠져 살거나 당면한 생계를 해결하는 데만 급급하다 보면 어느덧 인생의 황혼기에 접어든다. 문제는 그때부터다. 바쁘게 살 때는 회사에서 진급하고, 아이들 양육과 교육에 전념하고, 돈을 모아 집을 장만하는 것만 신경을 쓰게 된다. 하지만 나이가 들어 그러한 일들을 다 이룬 뒤라면 무엇을 해야 할까?

이러한 질문은 퇴직 후에 하면 너무 늦다. 요즘 같은 불확실한 세상에서는 나이 마흔에도 은퇴하는 이들이 많다. 그렇지 않다 해도 대개 50~60대엔 은퇴를 하게 된다. 그렇다면 '남은 인생을 어떻게 살아야 할까?'라는 질문이 남는다. 그러니 지금부터 내가 어떤 사람이 되어야 할지, 평생 무엇을 해야 할지, 또 어디에 가치를 두고 살아야 할지 고민할 필요가 있다. 거기에 맞춰서 꿈을 꾸고, 목표와 계획을 세워서 이를 실행해야 한다. 은퇴 이후에도 우리 삶은 계속되기 때문이다.

이때 중요한 것은 온 힘과 에너지를 다해서 불가능에 도전하는 자세다. 공자는 비록 살아생전 뜻을 이루지 못했지만 꾸준히 학문을 닦고 가르침을 전파했다. 그의 노력은 후학을 양성해 세상을 변화시키는 데 일조했으며 상당한 시간이 흐른 지금 우리의 삶에도 영향을 미치고 있다.

우리도 마찬가지다. 자신의 꿈을 생각하고 그것을 향해 도전하면 삶을 대하는 자세가 달라진다. 간절히 이루고 싶은 것이 있으니 허투루 살지 않는다. 누구보다 노력하고 하루하루 감사한 마음으로 살게 된다. 자신이 원하는 꿈을 이룬다면 더욱 좋겠지만 그러지 못한다 해도 괜찮다. 도전하는 과정 자체가 삶을 풍요롭게 하기 때문이다. 부와 명예를 이룬다고 성공한 것이 아니다. 그것은 결과물일 따름이다. 꿈을 꾸고, 그것을 향해 평생 도전하는 삶이야말로 진정 아름다운 삶이다. 우리 삶은 목적지로 결정되는 게 아니라 매 순간 옮겨가는 발자국으로 결정된다.

어떤 발자국을 남기고
떠날 것인가

> 자공이 말했다. "스승님과 견줄 수 없는 것은 마치 하늘을 사다리로 오를
> 수 없는 것과 같습니다." 　　　　　　　　　　　　　　　　_〈자장〉 19.25
>
> 子貢曰 "夫子之不可及也, 猶天之不可階而升也."
> 자 공 왈 　 부 자 지 불 가 급 야 　 유 천 지 불 가 계 이 승 야

자공은 부와 명예를 이룬 공자의 제자다. 앞서 말했듯 자신감이 대
단했고 자존감이 높았다. 공자의 애제자 안연을 제외하고는 자신이
가장 똑똑하다고 믿었는데 공자도 자공을 아끼고 실력을 인정했다.
공자보다 31세나 어렸지만, 언변이 뛰어났고 정치와 이재에 능했
다. 노나라와 위나라의 재상을 지내며 막대한 부를 축적했다. 《사
기》의 〈중니제자열전〉에 "자공이 (외교를 위해) 돌아다니더니 각국의
형세에 균열이 생겨 십 년 사이에 다섯 나라에 커다란 변화가 있었
다."라는 말이 나올 정도였다.

당연히 자공에게 아부하는 사람들도 생겨나고, 어떤 사람들은 그와 스승인 공자를 비교하기도 했다. 누군가는 자공이 스승보다 뛰어나다고 치켜세웠다. 하지만 그는 그런 이야기를 들을 때마다 단호하게 부정하며, 자신은 결코 스승보다 뛰어날 수 없다고 말했다. 이는 입바른 소리로 한 말이 아니다. 자공은 진심으로 스승을 존경했다.

공자는 어떻게 2,500년 후에도 영향력을 발휘하는가

사회적으로 성공한 자공은 상대적으로 실패한 공자와 비교된다. 공자도 52세에 대사구라는 높은 벼슬자리에 올랐으나 자신이 섬기던 왕이 정치에 소홀하자 3년 후에 사직했다. 그리고 14년에 걸친 유랑을 떠났다. 만약 공자가 부와 명예를 탐했다면 그냥 현실에 안주해서 노나라에 머물렀을 것이다. 하지만 그는 그동안 자신이 모은 자산을 포기했다. 이처럼 과감한 용기가 있었고, 자신이 믿는 가치인 도를 추구했기 때문에 공자는 위대한 군자가 될 수 있었다.

자공도 처음에는 자신이 스승보다 낫다고 생각했다. 2년째에는 자신이 스승과 수준이 비슷하다고 생각했으나 3년째가 되면서 스승에 미치지 못함을 알고 그를 '성인'으로 인정했다. 시간이 흐름에 따라 자신이 스승을 따라갈 수 없음을 인지한 것이다. 이렇게 공자가 제자로부터 존경과 지지를 받은 이유는 다음과 같다.

첫째, 공자는 자신이 믿는 가치관을 실현하기 위해서 평생을 노력했다. 도덕정치를 위해서 발로 뛰고 쓴소리를 아끼지 않았다. 당연히 위정자들의 눈에는 곱게 보이지 않았을 것이다.

둘째, 공자는 인을 실천했다. 약자에게 겸손했으며, 백성들을 교육시켜야 한다고 주장했다. 그는 누구나 교육을 받을 자격이 있다고 했고, 실제 그의 제자 중에는 어려운 환경에서 공부한 사람들이 많았다.

셋째, 당시 혼란한 정국에서 그는 평화와 안정을 추구했다. 위정자들에게 백성을 중요시하고 전쟁을 삼가야 한다고 주장했다. 그가 세상을 주유할 때, 위나라의 영공이 그에게 오직 군사 문제를 묻자 공자는 군사 문제는 알지 못한다고 단호하게 답한 후 위나라를 떠났다. 또한 백성들의 부담을 줄이기 위해서 세금을 낮춰야 한다고 말했다. 당연히 호의호식을 누리려는 집권자들은 공자의 사상에 거부 반응을 보였다.

공자를 존경한 사람은 당대의 제자와 백성들뿐만이 아니었다. 후대를 내려오면서 수많은 사람들이 공자의 사상과 철학을 배우면서 그를 '성인'으로 추대했다. 그와 제자들이 남긴 어록과 행동들이 《논어》로 엮여 많은 이들의 필독서가 된 것만 봐도 알 수 있다. 《사기》의 저자 사마천도 공자를 진심으로 존경했다. 《사기》의 〈공자세가〉에는 이런 말이 나온다.

"비록 내가 공자의 시대로 돌아가지 못하지만 마음속으로는 항상 그를 동경하고 있다. 나는 공자가 남긴 책을 읽고, 그 사람됨이 얼마나 위대한가를 보고 싶었다."

'역사의 아버지'라 불리는 사마천도 공자와 같은 마음이었을 것이다. 그는 흉노와의 전쟁에서 중과부적衆寡不敵으로 진 이릉을 변호하다 한 무제의 노여움을 사서 궁형을 받았다. 그도 젊은 시절에는 낭중이 되어서 한 무제를 수행하며 여행했고, 태사령이 되어서 역사를 편찬했다. 소위 잘나가던 그는 자신이 믿는 가치를 따르다가 치욕을 얻게 된 것이다. 다른 사람 같았으면 명예롭게 죽음을 택했겠지만 그는 더 큰 가치, 즉 후대에 바른 역사를 전달하기 위해서 이를 감수했다. 이때 그에게 큰 힘을 준 것이 공자다. 공자도 자신이 믿는 가치를 끝까지 사수했기 때문이다.

이 세상에 어떤 흔적을 남기는 사람이 될 것인가

우리 역시 살면서 누군가에게 좋은 영향을 주고, 그 사람의 인생에 힘이 되는 사람이 될 수 있다. 가깝게는 가족부터 친구, 동료, 이웃 등 그 대상도 다양하다. 돈을 많이 벌어서 좋은 일에 쓸 수도 있고 글을 써서 책을 남길 수도 있다. 당장 살아가는 것도 힘든데 무엇을 남기느냐고 반박할지도 모르겠다. 하지만 생명을 얻어 세상을 살다 간다면 적어도 좋은 흔적을 남기고 떠나야 하지 않을까?

한 사람은 우주에 비견된다. 그런 한 사람이 살면서 경험하고 깨달은 것들은 결코 초라하지도 작지도 않다. 아무리 소소한 것이라 해도 누군가에게는 도움이 될 수 있다. 위대한 사상가인 공자가 아니더라도 우리는 각자의 깨달음을 안고 살아간다. 기쁠 때도 슬플 때도 깨닫는 바가 있다. 성공의 경험뿐 아니라 실패의 경험에서도 건져 올릴 지혜가 있다.

망망대해 우주를 생각하면 먼지 같은 존재지만 그럼에도 우리는 삶에 흔적을 남긴다. 그렇다면 나라는 소우주는 이 커다란 우주에 어떤 흔적을, 어떤 발자국을 남길 것인가? 그것이 몇 십 년, 몇 백 년 후에는 또 어떤 가치를 지니게 될까? 거창하면서도 거창하지 않은 질문이다. 인생의 본질을 생각하고 나의 하루하루를 바꾸게 될 질문이다. 이런 질문을 하고 나면 삶이 조금 다르게 다가올 것이다. 한번 사는 삶이라면 적어도 좋은 흔적 하나쯤은 남기고 가야 한다.

사람은 죽지만
사랑은 남겨진다

공자께서 말씀하셨다. "아침에 (인생의) 도를 듣고 깨달으면 저녁에 죽어도 좋다."

_〈이인〉 4.8

子曰 "朝聞道 夕死可矣."
자 왈 　조 문 도 　석 사 가 의

"아침에 도를 듣고 깨달으면 저녁에 죽어도 좋다." 공자가 평생 제자와 백성에게 가르치고 군주에게 설파했던 도의 핵심을 알려주는 문장이다. 가장 함축적이면서 많은 의미를 내포하고 있어서 매우 다양한 해석들이 존재한다. 한데 공자가 이 말을 남긴 것이 그의 말년이었음을 주목해야 한다. 그가 염원한 사회는 왕이 백성을 인하게 대하고, 신하와 백성이 임금을 충으로 섬기는 것이었다. 물론 서로가 예를 갖춰야 한다. 아쉽게도 그가 꿈꾼 이상향은 생전에 실현되지 않았다. 하지만 그가 남긴 사상과 정신은 제자들에게 대대손

손 내려오면서 수많은 이들에게 깨달음을 주었다. 오죽하면 지금도 많은 사람이 《논어》를 읽고 연구하겠는가.

오늘 죽는다면, 당신에게 가장 중요한 가치는 무엇인가?

'도를 듣는다는 것'은 어떤 의미일까? 먼저 진리를 깨닫는다는 의미가 될 수 있다. 사실 인생을 살면서 왜 사는지, 인생의 목적이 무엇인지를 고민하고 그 의미를 뚜렷하게 정리한 사람은 많지 않다. 아침에 눈을 뜬 순간부터 잠자리에 들기까지 하루하루 쫓기듯 살아간다. 허겁지겁 바쁘게 살면서도 삶은 여전히 불안하고 막연하다.

은퇴를 하면 삶의 여유와 함께 행복과 평화가 찾아올 것이라는 착각도 든다. 하지만 막상 그때가 되면 또 다른 고민거리가 찾아온다. 시간의 여유는 생길지 모르지만 왠지 모를 공허함이나 불안이 함께 찾아오는 경우도 많다. 인생의 상당 부분을 차지하던 일이 빠져나가면서 갑자기 어찌해야 할 줄을 모른 채 삶의 나침반을 잃고 방황한다.

그러니 어느 순간 깨달음이 저절로 찾아올 것이라 기대해서는 안 된다. 깨달음은 스스로 질문하고 답을 찾으려 애쓰는 과정에서 오는 것이기에 지금 이 순간 우리가 깨어 있어야만 찾을 수 있다. 그리고 그것은 외부에서 주어지는 게 아니라 직접 찾아나설 때만 얻을 수 있는 것이다.

자신에게 이런 질문을 던져보자. "나는 누구인가? 나에게 있어서 가장 중요한 가치는 무엇인가?" 책에서 답을 구할 수도 있고, 스스로 사색하거나 글을 쓰는 과정에서 구해지기도 한다. 혹은 인생 멘토나 스승 등 영감을 주는 사람을 만나 이야기하는 과정에서 뿌옇게 보이던 것이 점차 선명해짐을 느끼기도 한다.

질문을 곱씹고 숙고하다 보면 돈, 사랑, 명예, 지위, 가족 등 다양한 답이 나올 것이다. 그렇다면 그것이 정말로 내가 중요하게 여기는 가치인지 다시 질문해야 한다. 예를 들어서 내가 가장 중요시하는 가치가 돈이라고 하자. 자나 깨나 돈 생각이고, 어떻게 하면 부의 기운을 끌어모아서 부자가 될지 고민한다. 부동산, 주식, 좋은 직업, 로또, 경매 등 온갖 방법을 머리에 떠올린다. 그렇다면 이 질문을 한 번 더 해봐야 한다.

"내가 오늘 저녁에 죽는다면 나에게 가장 중요한 가치는 무엇인가?" 그때도 같은 대답이 나올까? 100평 대의 아파트, 금괴, 은, 부동산, 주식 등이 정말로 나에게 가장 중요한 의미를 지닌 것일까?

죽음 앞에서는 누구나 솔직할 수밖에 없다. 나의 몸뚱이와 영혼밖에 없기에 한없이 겸허해진다. 부자거나 가난하거나 늙거나 젊거나 모두 죽음을 피할 수 없다. 그야말로 이 세상에서 유일하게 평등해지는 순간은 죽음에 이르렀을 때다. 그러니 이때야말로 진정 나에게 가치 있는 것이 무엇인지를 제대로 알게 될 때다.

인생의 마지막에 남는 것은 사랑이다

많은 이들이 현세의 욕망에 빠져 스스로를 괴롭히고 상실감에 괴로워한다. 자신이 진정 원하는 것이 무엇이었는지 희미해져 있다. 삶의 가치를 잃은 채 흔들리고 방황하며 공허함에 빠진다. 하지만 사실 우리는 이미 답을 알고 있다. 다만 관심을 기울이지 않았거나 너무 사소하게 생각했거나 너무 가까이에 있어 잘 몰랐을 뿐이다.

공자는 그것을 인이라 보았고, 지금 사람들은 인을 사랑이라 부른다. 나를 사랑하고 남을 사랑하는 것, 그것이 가장 기본임을 다시 한번 명심해야 한다. 사랑하는 마음이 있으면 지금 내가 갖고 있는 것, 주변의 모든 것에 감사한 마음을 가질 수 있다. 어찌 보면 내가 살아 있다는 것 자체가 감사한 일인지도 모른다. 가족, 친구, 동료와 사랑의 마음 안에서 함께한다면 물질적으로 풍족하지 않다 해도 마음은 부자가 된다. 그렇기에 후회의 마음이 없다. 오늘 저녁에 세상을 떠나더라도 미련이 없다.

파란만장한 인생을 살았던 스티브 잡스도 마지막에는 가족과 함께 시간을 보냈다. 누구보다 워커홀릭이었지만 적어도 일터에 쓰러져서 허무하게 세상을 떠나지는 않았다. 그는 인생을 정리하면서 소원해진 친구들과 다시 만났고 평생의 라이벌인 빌 게이츠와 화해했다. 후계자인 팀 쿡에게 업무를 인수인계하면서 일도 하나씩 내려놓았다.

어떤 백만장자는 시한부 선고를 받자 죽기 전에 만날 사람을 하나씩 정해서 시간을 같이 보냈다고 한다. 동료, 동창, 가까운 친구, 친지 등의 순서로 자신과 가까운 사람 순으로 만남을 가졌다. 마지막에는 가족과 함께했다. 끝내 마지막에는 사랑하는 사람들과 함께하는 것이 가장 소중했던 것이다.

이처럼 죽음 앞에서 가깝고 소중한 사람들과 함께하고자 한다는 건 결국 생에서 가장 가치 있는 건 그들과 함께 나눈 사랑이라는 걸 방증한다. 죽음 앞에서는 누구나 두렵고 외롭지만 그럼에도 우리는 세상에 사랑을 남겨두고 간다. 한 줌의 재가 되지만 사랑의 흔적은 어딘가에 남게 마련이다.

그것이 바로 공자가 말한 "아침에 도를 듣고 깨달으면, 저녁에 죽어도 좋다."는 경구의 진정한 의미라고 생각한다. 인생의 진리는 결국 사랑에 있다. 나와 남을 사랑하지 않는다면 우리가 살아갈 이유가 무엇인가.

{ 마음을 다스리는 논어 한 줄 }

"우선 실행하고, 그 말이 이후에 따르게 하라." 〈위정〉 2.13

한글 필사 : _____

_____

나의 생각 : _____

_____

_____

_____

"옛사람들이 말을 함부로 내뱉지 않은 것은 자신이 미치지 못할 것을 부
끄럽게 여겼기 때문이다." 〈이인〉 4.22

한글 필사 : _____

_____

나의 생각 : _____

_____

_____

"아는 이는 좋아하는 이만 못하고, 좋아하는 이는 즐기는 이만 못하다."
〈옹야〉 6.18

한글 필사 : _____

_____

_____

나의 생각 : _____

_____

_____

_____

_____

"아침에 (인생의) 도를 듣고 깨달으면 저녁에 죽어도 좋다." 〈이인〉 4.8

한글 필사 : _____

_____

_____

나의 생각 : _____

_____

_____

_____

_____

진정한 어른으로 살기 위해
알아야 할 것들

우리는 인간이다. 로봇이 아니기 때문에 누구나 실수하고 방황한다. 인생의 가치와 의미가 무엇인지, 어떻게 하면 무한한 행복을 추구할 수 있을지 고민한다. 이러한 답을 찾기 위해서 사색하고 책을 읽고 현명한 이들로부터 지혜를 구한다.

부모에게서 독립하고 20대, 30대를 지나면서 어느 정도 인생에 대한 답을 찾았다고 생각한다. 하지만 그렇지 않다. 40대를 지나 결혼식장보다 장례식장을 더 많이 다니면서 뭔가 잘못되었음을 느끼게 된다. 앞만 바라보고 살아온 인생이 맞는지 스스로에게 질문한다. 하지만 대부분 이것이 독감처럼 하나의 통과의례로 지나가기를 원한다. 다시 가속 페달을 밟는다. 그렇게 달린 후에 60, 70세에 이르러서 삶을 돌아본다. 그때는 내가 잠시나마 고민하던 그 순간이, 그때의 질문들이 그렇게 간단한 것이 아니었음을 깨닫게 된다.

예전에 나의 아버지가 이런 이야기를 해주셨다. "은퇴 후 예순까지는 사회생활에서의 성공을 자랑삼아 이야기하지만 칠순이 넘으면 달라진다. 카트 없이 18홀을 돌면서 골프를 친 것이 자랑거리이고, 지병 없이 건강하게 사는 것이 가장 큰 행복"이라고 했다.

이 책의 제목을 《인생의 절반쯤 왔을 때 논어를 읽다》라고 지은 이유도 이와 같다. 하지만 여기서 말하는 '인생의 절반'은 고정된 특정 시기를 의미하지 않는다. 누군가에게는 생을 어느 정도 살아낸 40대 정도일 테고, 또 누군가에게는 이제 막 사회에 첫발을 내디딘 20대 중후반일 수도 있다. 또 누군가에게는 은퇴를 앞둔 시기일 수도 있다. 자기 삶에서 뒤를 돌아보고 새로운 앞날을 고민하는 패러다임의 전환기, 즉 삶의 변곡점을 의미하는 것으로 이해하면 좋겠다.

인생의 절반쯤 왔을 때는 정말로 중요한 시기다. 나의 가치관이 무엇인지, 어떤 지향점으로 살아야 할지를 다시 한번 점검하는 시기이기 때문이다. 미국의 링컨 전 대통령이 '불혹의 나이를 넘으면 자신의 얼굴에 책임을 져야 한다'고 말한 것도 이와 비슷한 맥락이다. 인생을 절반쯤 살았다면 잘못된 것은 수정하고 잘된 것은 더욱 가다듬으며 전환의 기회로 삼아야 한다. 이는 새로운 출발의 계기가 된다. 만약 이 시기를 지나면서도 반성이 없고 변화를 시도하지 않는다면 발전하는 삶을 기대하기 어렵다.

이쯤에서 또 하나의 화두를 던지려 한다. 바로 '어른'이라는 단어다. 사실 나도 어른이라는 단어의 의미를 꽤 오래 잊고 살았다. 그런데 원고를 건넸을 때 담당 편집자가 이 책의 제목 후보로 '어른의 일문일답'을 제안했다. 비록 제목으로 선택되지는 않았지만 내 머릿속에는 계속 어른이라는 단어가 맴돌았다. 과연 어른이란 무엇인가? 나는 어른인가?

어른은 사전적 의미로 '다 자란 사람'이다. '어른스럽다'는 것은 상대방을 배려하고 사려가 깊다는 칭찬의 의미로 쓰인다. 그런데 어느 순간 이 사회에서는 어른이라는 단어가 존경받는 사람보다는 '아이'에 대한 대칭어, 즉 '나이가 든 사람', '생각이 막힌 사람'과 같은 고루한 느낌으로 인식되기 시작했다. 어른의 진정한 의미를 다시 찾고 싶었다.

《논어》는 흔들리는 나의 마음을 붙잡게 만들기도 하지만, 어른으로서 책임과 의무를 돌아보게 한다. 공자가 염원한 세상은 인의 정신을 갖춘 군자가 임금을 도와서 바른 정치를 하고, 백성을 평안하고 행복하게 만드는 것이었다. 군자도 결국 어른 중의 한 명이다.

모든 것의 중심에 나를 두고, 거기서 경계를 넓혀나가야 한다. 나 자신을 사랑하는 것이 가장 중요하지만, 그렇다고 상대방을 잊어서는 안 된다. 《논어》에서 공자가 주장하는 핵심 가치가 '인'인 이유가 바로 이 때문이다.

인은 사랑이다. 위정자가 백성을 사랑하고, 백성은 서로 사랑하면 된다. 그렇게만 된다면 왕은 백성을 위해서 세금을 낮추고, 스스로 검소하게 살 것이며 영토를 넓히기 위한 전쟁을 삼갈 것이다. 백성도 왕을 사랑하고 믿으며 서로를 아낀다. 자연스럽게 서로 해치거나 물건을 훔치는 일도 사라질 것이다. 그것이 바로 공자가 2,500년 전에 꿈꾼 사회이고, 지금도 그러한 이상향은 유효하다.

인류는 코로나19를 겪으면서 보다 진지하게 자신을 성찰하게 되었다. 아무리 강한 국가나 사람이라 해도 바이러스 앞에서는 무기력했다. 그런 이유로 인생의 목적과 의미를 좀 더 깊게 탐구하게 된 것이다. 그렇기에 지금이야말로 《논어》를 읽어야 할 적기인지도 모른다. 이 책에는 인류가 앞으로 살아남기 위해 가장 중요하고 보편적인 가치인 인의 정신을 담고 있다. 나와 남을 사랑하고, 배려하고, 진실한 마음을 갖는 것이 정말로 중요하다는 것을 강조한다. 공자는 이를 몸소 실천했다.

나도 예외는 아니다. 인의 정신을 실천하고, 죽는 그 순간까지 공부를 소홀히 하지 않으며 살고 싶다. 공자가 "아침에 도를 들으면 저녁에 죽어도 좋다."라고 말했듯 인생에서 꼭 필요한 지혜와 깨달음을 내 것으로 만들어 산다면 결국 원하는 인생 후반을 맞을 수 있으리라 믿는다.

앞으로 더 많은 사람이 《논어》를 공부하고 자신만의 도를 찾아나갔으면 좋겠다. 물질적인 부와 명예는 영원하지 않다. 그 어떤 것도 죽음 앞에서는 무력할 뿐이다. 오늘은 또 어떤 깨달음을 얻었고,

어떤 인을 실천했는가? 우리는 평생 이러한 화두를 놓지 말고 살아야 한다.

전작인 《적벽대전, 이길 수밖에 없는 제갈량의 전략기획서》를 쓰면서 《삼국지》와 《손자병법》을 수없이 읽었고 나의 업인 마케팅 전략에 대해서 고민했다. 그러면서 어떻게 하면 상대방을 쓰러뜨릴 수 있을지에 대한 생각으로 가득했다. 하지만 《논어》를 읽으면서 그보다 더 큰 가치인 인에 대해서 생각하게 되었다. 회사가 고객을 사랑하는 마음이 있다면 고객도 회사를 사랑할 수밖에 없다. 경쟁사를 제압하고 이기는 것은 그다음 단계의 문제다. 인의 가치를 중요시하는 회사가 더 오래갈 수밖에 없는 이유다.

결국 우리는 모두 인간이다. 이 사회는 차가운 금속 물질이 아닌 따뜻한 심장을 가진 사람으로 구성되어 있다. 그렇기 때문에 나를 이해하고, 상대방을 이해하고, 인과 예의 마음으로 나의 길을 가야 한다. 그것이 바로 공자가 주장한 군자의 길이며 어른의 길이다. 부디 이 사회에 더 많은 어른이 생기기를 바란다.